Pour parents débordés
et en manque d'énergie

La Collection du CHU Sainte-Justine
pour les parents

Pour parents débordés et en manque d'énergie

Francine Ferland

Avec amour.

Grand-maman Gigi

22 novembre 2006.

Éditions du CHU Sainte-Justine

Centre hospitalier universitaire mère-enfant

Catalogage avant publication de Bibliothèque et
Archives Canada

Ferland, Francine

Pour parents débordés et en manque d'énergie

(Collection de l'Hôpital Sainte-Justine pour les parents)
Comprend des réf. bibliogr.

ISBN 2-89619-051-1

1. Parents - Budgets temps. 2. Rôle parental. 3. Parents et
enfants. 4. Gestion du stress. I. Titre. II. Collection.

HQ755.8.F47 2006   640'.43'085   C2005-942410-9

Illustration de la couverture : Jean Morin
Infographie : Nicole Tétreault

Diffusion-Distribution au Québec : Prologue inc.
                            en France : CEDIF (diffusion) – Casteilla (distribution)
                            en Belgique et au Luxembourg : S.A. Vander
                            en Suisse : Servidis S.A.

Éditions du CHU Sainte-Justine
3175, chemin de la Côte-Sainte-Catherine
Montréal (Québec) H3T 1C5
Téléphone : (514) 345-4671
Télécopieur : (514) 345-4631
www.chu-sainte-justine.org/editions

Dépôt légal : Bibliothèque nationale du Québec, 2006
              Bibliothèque nationale du Canada, 2006

À la mémoire de mon père et de ma mère
qui m'ont transmis une philosophie
de la vie empreinte de sagesse.

REMERCIEMENTS

▼

Pour écrire le présent livre, j'ai eu le bonheur de pouvoir compter sur l'appui de deux types d'experts : des spécialistes des thèmes abordés et des parents qui connaissent au quotidien les problèmes présentés ici. Les uns m'ont aidée à vulgariser les notions théoriques et les autres, à les appliquer concrètement dans la vie de tous les jours.

Merci à…

Élisabeth Dutil, directrice du Programme d'ergothérapie de l'Université de Montréal, pour ses avis et suggestions relatifs à la gestion de l'énergie. Merci également pour son soutien sans réserve tout au long de cette entreprise.

Pierre-Yves Therriault, ergothérapeute et ergonome, pour sa disponibilité et la richesse de ses commentaires, particulièrement en ce qui concerne la surcharge de travail.

Micheline Saint-Jean, professeure agrégée au Programme d'ergothérapie de l'Université de Montréal pour nos discussions des plus stimulantes, en particulier sur la notion du temps.

Merci de tout cœur à…

Patrick Major et Lucie Cadieux, respectivement ergothérapeute et orthophoniste, qui ont pris le temps de lire le manuscrit et de me communiquer leurs commentaires à partir de leurs compétences professionnelles bien sûr, mais surtout à titre de parents de quatre jeunes enfants.

Sébastien et Jean-Philippe, mes fils, ainsi que Mireille et Émilie, leurs conjointes, qui m'ont fait profiter de leur expérience de jeunes parents, en suggérant avec beaucoup d'à-propos certains ajouts au manuscrit.

Maurice, mon compagnon de vie depuis tant d'années, pour son amour et la confiance qu'il me manifeste dans tout ce que j'entreprends.

Merci enfin à un autre type d'experts, essentiels à tout auteur :

Luc Bégin et Marise Labrecque, respectivement directeur et éditrice des Éditions du CHU Sainte-Justine, pour leur soutien indéfectible et leur confiance. C'est un plaisir toujours renouvelé de travailler avec des personnes d'une telle qualité.

Je suis reconnaissante...

... pour les cris de mes enfants dans la cour : cela veut dire que mes enfants sont vivants.

... pour les repas à préparer quotidiennement, jour après jour, cela veut dire que j'ai à manger.

... pour les impôts que je paie, cela veut dire que j'ai des revenus.

... pour ma pile de vêtements à laver et à repasser, cela veut dire que j'ai quelque chose à porter.

... pour la pelouse à tondre, les fenêtres à nettoyer et les planchers à laver, cela veut dire que j'ai un toit.

... pour ma grosse facture de chauffage, cela veut dire que je suis au chaud.

... pour la dernière place que j'ai trouvée dans le stationnement du magasin, cela veut dire que je peux marcher.

... pour le ménage à faire après un party, cela veut dire que j'étais entourée d'amis.

... pour la sonnerie de mon réveille-matin, cela veut dire que je suis vivante[1].

---

1. Auteur anonyme sur le web.

TABLE DES MATIÈRES

▼

Avant-propos

▼

Il y a quelques années, j'ai écrit un livre pour les parents d'enfants qui présentent une déficience physique ou intellectuelle[1]. J'y suggérais notamment des solutions pour contrer deux problèmes importants et fréquents chez ces parents : le manque de temps et le manque d'énergie. En y regardant de plus près, je me suis rendue compte que ces besoins sont aussi présents chez l'ensemble des parents d'aujourd'hui.

Le présent ouvrage s'appuie en bonne partie sur des principes utilisés en ergothérapie pour les patients qui doivent apprendre à gérer leur énergie et à revoir leurs activités afin de les rendre plus faciles et agréables. Ces principes peuvent aider toute personne à améliorer son quotidien et à en retirer davantage de satisfaction. À mon avis, les parents de jeunes enfants peuvent en bénéficier de façon particulière, eux qui vivent avec encore plus d'acuité le débordement et le manque d'énergie au quotidien.

Ce livre a été écrit avec une économie de mots pour que, malgré un horaire chargé et une énergie limitée, vous ayez et preniez le temps de le lire.

Bonne lecture !

FERLAND, F. (2001). *Au-delà de la déficience physique ou intellectuelle, un enfant à découvrir*. Montréal : Éditions de l'Hôpital Sainte-Justine.

INTRODUCTION

▼

La vie commence quand on décide ce qu'on attend d'elle.
Rafael Martin del Campo

De nos jours, les adultes, et particulièrement les parents de jeunes enfants, mènent une course effrénée contre la montre. Plusieurs se sentent fatigués et surmenés, et le nombre de cas d'épuisement est à la hausse.

Pour contrer ces problèmes, certains ouvrages proposent des techniques de relaxation; d'autres soulignent l'importance de bonnes habitudes de vie pour se garder en forme (avoir une bonne alimentation, cesser de fumer, faire de l'exercice).

Nous vous proposons ici d'autres techniques pour réduire votre fatigue. Il sera question, entre autres, de la gestion de vos activités quotidiennes pour en arriver à vous simplifier la vie. Si vous diminuez la fatigue associée à certaines activités, il vous restera plus d'énergie dans vos journées pour les choses qui vous tiennent à cœur. Afin que vous composiez mieux avec le stress, nous vous proposons de prendre conscience de l'état d'esprit dans lequel vous vous acquittez de vos tâches, suggérant — comme moyens de prendre la vie du bon côté — l'humour, le rire et l'intérêt à cibler le moment présent.

Vivre avec des enfants tout en restant zen est plus facile à dire qu'à faire. Nous vous proposons donc des pistes d'action pour tenter d'y parvenir. Enfin, il faut également penser à ne pas s'oublier dans le quotidien et à répondre à ses besoins d'adulte et de couple.

Le présent livre se veut un outil pratique. Comment concilier le travail, l'éducation des enfants, la vie familiale, sociale et personnelle ? Comment tout faire et en tirer satisfaction en n'ayant que 24 heures par jour ? Comment rendre vos journées satisfaisantes et plus agréables ? Il ne sera pas question de grandes théories relatives au stress ou à l'épuisement, mais davantage de réflexions sur votre quotidien et de suggestions concrètes pour l'améliorer. Il s'adresse aux deux parents et sera particulièrement utile au parent qui vit seul au quotidien avec ses enfants, sans le soutien d'un conjoint[1], ce qui est le plus souvent le cas de la mère.

L'objectif ultime de cet ouvrage consiste à vous aider à reconquérir un certain contrôle sur votre quotidien, à avoir davantage de plaisir à être parent, à profiter pleinement de vos enfants et de la vie. C'est un rendez-vous avec vous-même qui vous est proposé ; en effet, vous êtes la seule personne à pouvoir décider de changer les choses.

---

1. Pour éviter d'alourdir le texte, le terme « conjoint » est utilisé dans cet ouvrage pour désigner le partenaire du parent lecteur. Selon le cas, il désigne donc soit la mère, soit le père.

CHAPITRE 1

LE RYTHME TRÉPIDANT DE LA VIE DE PARENTS

▼

Ce n'est pas la vie qui nous pèse,
mais la façon dont nous en assumons la charge.
Élisabeth Potier

La vie devient une chose délicieuse, aussitôt qu'on décide
de ne pas la prendre trop au sérieux.
Henry de Montherlant

Le *métier* de parents est exigeant en soi. L'accompagnement d'enfants requiert beaucoup d'énergie et de temps au quotidien, sans parler des questionnements et des inquiétudes que leur éducation suscite. Si vous n'aviez que cela à faire, ce serait beaucoup plus simple, mais ce rôle s'ajoute à de nombreux autres.

En plus d'être parents, pour la plupart, vous êtes aussi des travailleurs et à ce titre, vos journées sont déjà bien chargées. Vous avez sûrement aussi des amis qui vous sont précieux et pour garder le contact, il faut du temps et de l'énergie.

De plus, vous êtes toujours les enfants de vos parents : ce rôle ne disparaît pas parce que vous devenez vous-mêmes parents. Pour maintenir une bonne relation avec vos parents, vous devez aussi leur consacrer régulièrement du temps. Quand ils sont malades ou vieillissants, ils requièrent davantage de soutien.

Le fait d'avoir des enfants vous a peut-être incité à prendre de nouveaux engagements, comme devenir membre du comité de l'école ou du service de garde, ou bénévole pour accompagner les enfants lors de sorties. À la Commission scolaire de Montréal, les parents font chaque année environ 200 000 heures de bénévolat. Vous assurez aussi le rôle de chauffeur pour amener vos enfants à leurs différentes activités. Ce rôle n'est d'ailleurs pas le seul à être relié à leurs activités de loisirs. Vous devez trouver les programmes où les inscrire, lire la documentation, agir peut-être comme entraîneur bénévole pour l'équipe sportive de votre enfant, participer à une collecte de fonds, assister aux pratiques, aux matchs, aux cours, aux récitals, encourager vos enfants à pratiquer, les louanger pour leurs efforts. Beaucoup de tâches à inclure dans un horaire déjà fortement chargé.

Par ailleurs, tous ces rôles s'exercent dans une société en mouvement[1]: les milieux de travail ont des exigences accrues envers leurs travailleurs, les relations hommes et femmes sont en changement, les médias sont omniprésents pour inciter à la consommation et, enfin, la société a pour nouveaux dieux la performance, l'excellence, la rentabilité et la réussite. Ce contexte complique encore davantage votre vie de parents.

Regardons de plus près la conciliation des deux grands rôles de votre vie, celui de parent et celui de travailleur, cette conciliation qui fait l'objet de nombreux débats dans notre société.

---

1. DALY, K. (2004). *L'évolution de la culture parentale*
www.ivfamille.ca/library/cft/parenting_fr.html

La conciliation famille-travail

La conciliation famille-travail est en effet un thème fréquemment abordé de nos jours, surtout pour dénoncer la difficulté d'y parvenir efficacement. L'harmonie entre ces deux grands rôles représente un défi constant et cela concerne la très grande majorité des parents, puisque la famille à double revenu constitue le modèle familial dominant au Canada[2]. Dans sept familles sur dix, les deux parents font partie de la population active alors que les trois-quarts des mères seules avec enfants d'âge scolaire sont sur le marché du travail. Au Québec en 2003, le pourcentage des mères avec un enfant de 2 ans et moins qui travaillaient à l'extérieur était de 72,9 % alors qu'il était de 28,8 % en 1976[3]. En outre, pour plus de 52 % des familles québécoises, un des parents a un horaire de travail atypique (horaire irrégulier, rotatif, de soir, de nuit ou horaire brisé), ce qui complique le quotidien familial.

Un consensus social s'est peu à peu établi au Québec sur la légitimité de l'intervention de l'État dans cette question de conciliation famille-travail. Au fil des ans, on a créé un réseau de services de garde éducatifs, on a adopté des lois du travail qui protègent l'exercice de certaines responsabilités familiales et on a fait beaucoup d'efforts en vue d'établir éventuellement un régime de congés parentaux. Selon le Conseil de la famille et de l'enfance[4], trois enjeux majeurs se profilent pour l'avenir: mettre en œuvre le régime québécois d'assurance parentale, parachever le réseau des services de garde éducatifs et soutenir les familles en adoptant une politique en conciliation famille-travail.

2. Institut Vanier de la famille. *Données sur la famille*:
www.ivfamille.ca/library/facts/facts_fr.html
3. Conseil de la famille et de l'enfance. *Rapport 2004-2005 sur la situation et les besoins des familles et des enfants - 5 bilans et perspectives*:
www.cfe.gouv.qc.ca/publications/rapports.asp
4. Conseil de la famille et de l'enfance. *Op. cit.*

En dépit de ces efforts déployés sur le plan politique, l'angoisse d'arriver à tout gérer et le remords de négliger sa vie familiale sont toujours fortement présents au quotidien, d'où l'obsession de récupérer la moindre parcelle de temps. Ajoutons à cela la pression sociale quant à la réussite de la mission éducative des parents et on comprend aisément le stress vécu par plusieurs d'entre eux.

Ce n'est ni le travail ni la famille en soi qui pose problème, mais bien l'harmonisation des exigences et des responsabilités de ces deux grands rôles. D'ailleurs, ils peuvent avoir l'un sur l'autre des effets néfastes ou heureux. Des études ont démontré que des niveaux élevés de stress au travail peuvent avoir des effets négatifs sur la relation avec les enfants, rendant les parents distants, inattentifs et non disponibles sur le plan émotionnel[5]. De même, des niveaux élevés de conflit et de stress à la maison peuvent nuire au rendement au travail. Par contre, il semblerait qu'un travail satisfaisant, tant pour la mère que pour le père, a des effets bénéfiques sur la relation avec l'enfant et sur le développement de ce dernier.

Ce sont les mères, comparativement aux pères, qui rapportent des niveaux plus élevés de surcharge de rôle et de stress liés au temps[6]. Rien d'étonnant à cela quand on sait que ce sont les mères qui assument encore la plus grande part des responsabilités quand il s'agit de planifier, d'orchestrer et de coordonner les activités de la famille. De plus, en général, les mères veulent tout faire à la perfection. Elles souhaitent que leur couple soit heureux, leur famille épanouie, leur maison impeccable, leur carrière réussie et leur santé à toute épreuve. Est-ce vraiment

---

5. REPETTI, R, WOOD, J. (1997). «Effects of daily stress at work on mother's interactions with preschoolers». *Journal of Family Psychology*, 11,90-108.

6. ZUZANECK, J.(2000). *The effects of time use and time pressure on child-parent relationships*. Rapport de recherche, Santé Canada. Waterloo : Optium Publications.

possible d'être une telle *superwoman*[7]? Comment s'en sortir indemne avec des attentes aussi élevées dans tous les domaines?

Pour le parent qui se retrouve seul à la tête de la famille, le défi est encore plus grand. Comment parvenir à tout faire et à tout bien faire, sans le soutien d'un conjoint? Comment réussir seul la tâche de deux personnes?

Le «5 à 7» des parents

On trouve un exemple éclatant du rythme effréné de la vie des parents dans leur 5 à 7 quotidien. Je ne parle pas ici d'un 5 à 7 où l'on se retrouve dans un bar pour se détendre en prenant un verre après le travail, mais plutôt de cette période de la journée particulièrement exigeante pour les parents. Le travail terminé, un autre boulot important et intense les attend. Pendant ces deux heures (qui s'étirent souvent sur trois ou quatre heures), ils doivent aller chercher les enfants au service de garde ou à l'école, revenir à la maison, préparer le repas, donner ou superviser les bains, superviser les devoirs et préparer les enfants pour le coucher. Les parents doivent donc accomplir une multitude de tâches en un laps de temps réduit, ce qui demande une forte dose d'énergie et entraîne à coup sûr de la fatigue.

En plus, les parents se préoccupent de la qualité de ce temps partagé avec leurs enfants, ils se soucient de les questionner sur leur journée, de leur préparer des repas sains, de s'assurer qu'ils font leurs devoirs avec concentration, qu'ils sont vraiment propres au sortir du bain, tout cela en essayant de maintenir une atmosphère familiale détendue.

De leur côté, après la journée passée loin de leurs parents, les enfants ont aussi des attentes: chacun veut leur attention personnelle, a des choses à leur raconter et souhaite jouer avec eux.

---

7. Hamel, N. (2005). «Le mythe de la superwoman». *Ici et maintenant*, 1,12-14.

Il faut vivre jour après jour ces 5 à 7 pour vraiment comprendre toute l'énergie que ce moment de la journée draine chez les parents. Je me souviens d'un congrès tenu à l'extérieur de ma ville, à une époque où mes enfants avaient 3 et 6 ans. Habituée à vivre depuis six ans cet épuisant 5 à 7 des parents, j'avais été abasourdie de prendre conscience qu'à mon retour dans ma chambre d'hôtel en fin d'après-midi, j'avais le grand privilège de me poser la question : « Que me plairait-il de faire : prendre un bain, boire un apéro ou faire une courte sieste avant d'aller manger ? » J'avais le choix ! Je pouvais décider en ne tenant compte que de mes envies, sans me préoccuper de personne d'autre. Quel luxe pour un parent habitué à penser à tout, à cette heure de la journée, sauf à lui-même !

Ce qui fatigue et gruge l'énergie

Pour comprendre d'où vient la fatigue et le manque d'énergie, utilisons quelques notions d'ergonomie, cette science qui s'intéresse à l'adaptation de la personne au travail. Ici, plutôt que de considérer ces notions en lien avec le travail, nous les appliquerons à l'ensemble de vos activités ; vous comprendrez aisément pourquoi vos activités peuvent vous fatiguer et, dans certains cas, vous rendre malades.

Toutes les tâches que vous devez accomplir comportent une *charge physique* : elles demandent des efforts musculaires qui entraînent une dépense d'énergie. Qui dit « effort » dit « fatigue ». Cette charge varie considérablement selon la tâche à exécuter ; ainsi, épousseter demande un effort musculaire beaucoup moindre que de laver les planchers. La charge varie également selon la personne qui la fait : en bonne forme physique, l'une peut fournir un effort beaucoup plus grand qu'une autre dont la condition physique laisse à désirer.

Après une promenade en vélo ou une séance d'entraînement, vous ressentez une fatigue que l'on peut qualifier de saine et qui disparaît après un repos et un bon repas. En effet, l'activité physique est utile pour entretenir et renforcer l'organisme. Il peut toutefois arriver qu'il y ait surcharge; c'est le cas quand on a trop d'activités physiques dans son horaire ou des activités qui requièrent trop d'efforts musculaires pour ses capacités. Ces activités deviennent alors désagréables, inconfortables et entraînent une fatigue soit locale (courbatures, points douloureux), soit générale (on se lève aussi fatigué que lorsqu'on s'est couché). Une telle fatigue peut entraîner à son tour une diminution de l'attention et rendre la personne apathique ou irritable.

Mais la fatigue n'est pas que physique. À la charge physique s'ajoute la ***charge mentale***, soit celle qui fait travailler votre matière grise. Remplir un formulaire de déclaration d'impôts est un exemple très évident d'une activité qui présente une charge mentale pour la majorité des gens (sauf pour les comptables): on doit penser à tous les renseignements à inclure, s'assurer d'avoir en main tous les relevés pertinents et ne pas se tromper dans ses calculs. C'est également le cas quand vous devez penser à plusieurs choses en même temps: avant de quitter la maison le matin, vous devez vous assurer que vos enfants ont des vêtements qui conviennent au temps qu'il fait, vérifier s'ils ont pris leur *lunch*, si leur sac d'école contient ce qu'il faut et si vous-même n'avez rien oublié.

Parfois, la charge mentale n'a rien à voir avec l'activité elle-même. Imaginons que vous faites la vaisselle: rien de bien exigeant au plan mental (ni physique d'ailleurs), mais tout cela peut changer si, en même temps, vous essayez de trouver une solution à un problème lié à votre travail et pour lequel il y a urgence, puisque vous devez discuter de cette question avec votre supérieur dès votre arrivée au bureau le lendemain. Il en est de même si, pendant cette activité, vous pensez à tout ce qui vous reste à faire avant de vous coucher. Ces préoccupations entraînent une fatigue non pas physique, mais mentale, qui se traduira par le sentiment d'être vidé, par de l'irritabilité et des difficultés de concentration.

Chaque fois que vous faites une tâche et que votre esprit est sollicité par des préoccupations importantes ou par les nombreuses autres choses que vous avez à faire, vous ajoutez une charge mentale à l'activité en cours et cela peut mener à une véritable surcharge : vous vous sentez alors stressé, craignant de ne pouvoir arriver à tout faire, ayant l'impression de ne plus contrôler votre vie. Cela aussi fatigue et mine la qualité de votre quotidien.

Enfin, toute activité comporte aussi une *charge psychique*, faisant naître chez vous des émotions, des sentiments. Rencontrer l'enseignant de votre enfant qui présente certains problèmes en classe, soigner votre enfant malade, avoir une vive discussion avec votre conjoint, passer une entrevue d'embauche, voilà autant d'activités qui peuvent susciter chez vous de l'anxiété, un sentiment d'impuissance, de l'insécurité, de l'incertitude, et qui ajoutent à vos journées une charge importante au plan psychique. Nous avons tous un seuil au-delà duquel l'accumulation d'émotions peut provoquer des déséquilibres : on parle alors de surcharge psychique.

Les cas d'épuisement et de surmenage sont d'ailleurs plus souvent liés à une surcharge mentale ou psychique associée à nos activités qu'à une fatigue physique.

Le temps, ce tyran

Dans le tourbillon quotidien, le manque de temps se fait cruellement sentir. Plusieurs parents se sentent soumis à cette tyrannie. « Il devrait y avoir plus de 24 heures dans une journée », « On n'a pas le temps de souffler. », entend-on souvent.

Le développement technologique n'est pas étranger à cette course effrénée contre la montre. «La technologie crée une impatience jadis inexistante[8]». Ainsi, les micro-ondes font paraître très lents les fours traditionnels. À cause du courrier électronique, nous nous attendons à des réponses rapides; nous avons perdu le délai auparavant associé à la poste et il nous faut répondre dans les heures qui suivent la réception d'un message. Les réseaux haute vitesse permettent un accès de plus en plus rapide à l'Internet et une masse de renseignements se trouve à portée de la main: si nous remettons un travail en retard, nous ne pouvons plus invoquer le temps requis pour sa documentation. Grâce au téléphone cellulaire, on peut vous joindre partout et en tout temps. Ceux qui (comme moi) n'en ont pas et à qui il faut laisser un message sur le répondeur font figure de personnages de l'âge de pierre. Tout doit aller le plus vite possible. On peut aussi accélérer la lecture en suivant des cours de lecture rapide.

Avec les technologies de communication, on se rapproche insidieusement du «syndrome du *zapper*» que Francis Jauréguiberry[9] décrit comme étant «tout à la fois l'anxiété du temps perdu, le stress de dernier moment, le désir jamais inassouvi d'être ici et ailleurs en même temps, la peur de rater quelque chose d'important, (…), la hantise de ne pas être branché au bon moment sur le bon réseau.».

De fait, on peut dorénavant faire de plus en plus vite, sans même se déplacer: on fait ses courses et ses transactions par ordinateur, on prend ses messages téléphoniques et électroniques à distance. De la sorte, bien sûr, on gagne du temps et on peut même avoir l'illusion de l'abolir. En contrepartie, ces technologies apportent la contrainte d'être rejoint partout et de

---

8. DALY, K. (2000). *De plus en plus vite: la reconfiguration du temps familial.* www.ivfamille.ca/library/cft/faster_fr.html

9. Jauréguiberry, F. (2003). *Les branchés du portable: sociologie des usages.* Paris :P.U.F. p. 35.

devoir répondre dans l'instantané, ce qui induit l'urgence et qui crée des priorités souvent injustifiées[10].

Parfois, on se crée soi-même des urgences, par exemple en se fixant des délais très courts pour tout ce qu'on a à faire. Certains disent aimer se retrouver dans l'urgence permanente: cela les stimule. Cependant, on peut aussi y voir un moyen de se rassurer quant à leur capacité de tout gérer, une façon de démontrer leur importance, d'assurer leur pouvoir sur les événements ou de réagir à l'anxiété que ces derniers suscitent chez eux.

Notre rapport au temps affecte notre manière de vivre et de travailler; il affecte aussi notre famille. Le plus souvent, les enfants sont contraints de s'adapter à des horaires et à des calendriers d'adultes. Progressivement, ils apprennent à se détourner de leur rythme naturel et eux aussi se sentent bousculés, comme leurs parents. Ils n'ont pas le temps de prendre le temps[11].

On peut concevoir le temps comme une structure qui limite, organise et contraint nos activités. Nous avons alors l'impression qu'il échappe à notre contrôle puisqu'il est perçu comme étant extérieur à nous. Outre ce temps objectif mesuré par la montre ou l'horloge, il y a notre perception subjective du temps, différente selon l'activité en cours: le temps semble filer à grande allure quand vous avez du plaisir et il s'étire à n'en plus finir quand la tâche vous ennuie. De fait, quand l'activité en cours a du sens, de la valeur pour vous, vous appréciez le temps que vous y consacrez. Toute décision de prendre du temps pour telle activité implique que l'on dote cette activité d'un sens, d'une valeur, même si cela est souvent implicite. Toutefois, la fréquence et la durée de vos activités quotidiennes ne sont peut-être pas toujours en accord avec la valeur que vous leur accordez: certaines tâches obligatoires, que vous n'avez pas

10. AUBERT, N. (2003). *Le culte de l'urgence. La société malade du temps*. Paris: Flammarion.
11. HONORÉ, C. (2004). *L'éloge de la lenteur*. Paris: Marabout.

choisi de réaliser, ont peut-être peu de sens ou de valeur pour vous, mais prennent une grande place dans vos journées. Que pouvez-vous y faire?

Vous pouvez tenter de gagner du temps en utilisant tous les gadgets et les trucs possibles. Mais est-ce cela que vous voulez? Aller encore plus vite? Si c'est le cas, vous ajouterez une charge mentale additionnelle à toutes vos activités. Une autre solution consiste à appréhender le temps autrement, à voir les choses d'une autre façon, à réévaluer vos priorités. En prenant conscience de l'évaluation subjective du temps, en lien avec vos émotions, vous pouvez consacrer votre énergie à ce qui compte réellement pour vous ou faire en sorte de trouver plaisir à ce que vous faites et profiter pleinement du temps qui passe.

La maîtrise du temps et la maîtrise de soi sont en étroite corrélation. «Celui qui passe son temps à courir après le temps le passe aussi à courir après lui-même[12]». En tentant de reprendre la maîtrise de vos journées pour éviter d'être débordé en permanence, en revoyant vos priorités, en faisant ce qui est important pour vous, vous éprouverez un sentiment de puissance et une plus grande sérénité parce que vous parviendrez à vivre pleinement chaque moment qui constitue votre vie. Le chapitre qui suit vous donnera des pistes d'action dans ce sens.

Le stress, ce compagnon de tous les jours

On peut définir le stress comme un inconfort psychologique ou physiologique ressenti par une personne quand l'environnement est trop exigeant ou que les demandes excèdent ses capacités à composer avec la situation.

---

12. Aubert, *Op. cit.* p. 155

Bien que le stress soit un motivateur, un moteur puissant pour l'action, il est nécessaire d'apprendre à composer avec lui, à le gérer pour éviter de se laisser écraser sous son poids.

Chez les parents, le stress est souvent lié à l'impression de manquer de temps. Ceux qui signalent les plus hauts niveaux de stress liés au temps sont les parents mariés et les mères célibataires, âgés de 25 à 44 ans. Ainsi, les pères (26 %) et les mères (38 %) vivant en couple et les mères seules (38 %) affirment souffrir de ce stress [13]. Rien d'étonnant à ces données, quand on pense aux divers rôles qu'ils doivent assumer et aux exigences et responsabilités associées à tous ces rôles.

Toutefois, le stress n'est pas en lien seulement avec le temps, il l'est aussi avec les événements inattendus qui bousculent le quotidien et avec l'attitude qu'on adopte dans la vie. Votre attitude devant les événements peut vous aider à mieux composer avec le stress ou, au contraire, élever votre niveau de stress.

Nous ne pouvons et ne devons pas viser à éliminer le stress de notre quotidien : à un niveau acceptable, il est fort stimulant. Par contre, chacun doit tenter d'en arriver à une heureuse cohabitation avec lui. Si vous réussissez à composer efficacement avec le stress, vos journées continueront à être stimulantes et deviendront moins fatigantes. La charge mentale ou psychique associée à vos activités en sera d'autant diminuée : vous serez plus détendu.

* * *

Comment se donner les moyens d'assumer tous ses rôles dans les meilleures conditions ? Comment être bien dans toutes les sphères de sa vie ? Voyons ce qu'il est possible de faire dans votre quotidien pour le simplifier, le rendre plus serein et plus agréable.

---

13. DALY, K. *Op. cit.*

CHAPITRE 2

VOUS SIMPLIFIER LA VIE ET REDONNER DU SENS À VOTRE QUOTIDIEN

▼

Nous en faisons trop et en savourons trop peu… Lorsque je cesse de traverser ma vie à toute vitesse, je trouve la joie dans chaque action quotidienne, dans une existence qu'on ne peut acheter, mais qu'on peut seulement découvrir, créer, goûter et vivre.

Katerina Kenison[1]

Établissez vos priorités et le temps que vous êtes disposé à leur consacrer, sinon quelqu'un d'autre s'en chargera.

Harvey Mackay

Dans le monde des vivants, l'humain est l'être le plus évolué. Il vit dans une société hautement complexe et organisée, avec ses règles, ses normes, ses valeurs. Ses activités sont structurées, variées et très nombreuses.

En plus, chaque être humain a des désirs, des valeurs personnelles, des rêves qui lui sont propres, mais son quotidien semble davantage déterminé par ce que la société attend de lui, à savoir la rapidité, la productivité, les résultats, l'excellence et

---

1. KENISON, K. (2001) *Le précieux fil des jours.* Varennes, Qué: Éditions AdA inc. p.12-13.

la possession de biens matériels. La société contemporaine valorise ce que font les individus ou ce qu'ils possèdent plutôt que ce qu'ils sont. Pour répondre à ces valeurs sociales, il faut donc courir, réussir, produire et consommer. De là l'impression de ne pas avoir une minute à soi, de ne pas avoir le temps de souffler. Le rythme de vie est effréné, tant pour les parents que pour les enfants : « Dépêche-toi », « On n'a pas le temps », « On va être en retard »…

Et si vous vous arrêtiez pour regarder de plus près ce que vous faites de vos journées, si vous vous permettiez de vous poser des questions sur toutes ces activités qui façonnent votre vie et occupent votre temps ! Le défi que vous affronterez ne consiste pas à être parent ou travailleur, ou encore à réaliser les tâches domestiques ou à garder contact avec vos amis. Votre défi, c'est d'être tout à la fois parent *et* travailleur *et* ami *et* organisateur du quotidien de votre famille. Ces différents rôles se manifestent dans l'ensemble de vos activités quotidiennes. Ce sont donc ces activités qu'il faut regarder de plus près si vous souhaitez vous simplifier la vie, retrouver du sens à votre quotidien et en tirer davantage de plaisir.

Revisiter votre quotidien

Qu'avez-vous fait aujourd'hui ? Comment vous sentez-vous à la fin de cette journée ? Fatigué ? Déçu de n'avoir pas réussi à tout faire ? Anxieux pour la journée qui vous attend demain ? Stressé ? Serein ?

Vos journées sont remplies de mille et une activités. Souvent, la routine s'installe : jour après jour, on refait les mêmes choses, et de la même façon. On fonctionne en quelque sorte sur le pilote automatique. On ne remet en question ni le caractère d'obligation de ses occupations, ni leur organisation, ni le plaisir ou le déplaisir qu'on en tire. On fait ce qu'on croit devoir faire : c'est tout.

Il faut toutefois se rendre compte que toutes vos journées se passent dans ces activités quotidiennes et qu'elles constituent votre vie. Ne devraient-elles pas vous permettre de satisfaire vos besoins et de développer votre potentiel ? Bref, de vous réaliser pleinement ? Malheureusement, il arrive fréquemment que nos journées deviennent avec le temps la simple addition de nombreuses activités perçues comme nécessaires, mais sans signification particulière pour soi. On peut facilement en arriver à croire qu'il est impossible d'améliorer son quotidien, qu'on n'est pas maître de sa vie et que ce sont les événements qui nous dominent.

Comment en arriver à retrouver du sens dans ce que l'on fait au jour le jour, comment en arriver à se retrouver dans son quotidien ? Comment mieux utiliser son temps pour l'harmoniser avec ses valeurs ?

Je vous propose un petit exercice : faites l'inventaire de vos activités. Pourquoi ? Pour prendre conscience de ce dont vos journées sont faites, pour revoir le sens de vos activités et peut-être y apporter des correctifs afin de les rendre plus conformes à ce que vous êtes, à ce que vous attendez de la vie.

J'entends déjà les pessimistes et les fatalistes dire : « Qu'est-ce que ça pourrait changer ? Je fais ce que j'ai à faire et ce n'est pas en mettant sur papier la liste de mes activités que je pourrai modifier mes journées. » Détrompez-vous. Après avoir analysé votre emploi du temps, vous serez peut-être surpris de constater que vous avez une plus grande marge de manœuvre que vous ne le pensez pour changer les choses et pour vous permettre de consacrer plus de temps à ce qui compte le plus pour vous. Peut-être aussi cela vous permettra-t-il de mieux vous connaître (ce que vous aimez vraiment, ce qui vous déplaît) et de prendre conscience de la valeur de vos activités et de leur impact sur votre bien-être.

Toutefois, ne vous étonnez pas, en dressant la liste de vos activités, d'avoir la même impression que lorsque vous avez fait votre budget pour la première fois. Vous vous demandiez alors comment vous arriviez à boucler votre budget en dépit de toutes vos dépenses ; ici, vous vous demanderez sûrement comment vous pouvez faire toutes ces choses alors que les journées n'ont toujours que 24 heures.

Alors, à vos papiers et à vos crayons ! Sur une feuille séparée en sept colonnes (une pour chaque jour de la semaine) et en trois rangées (avant-midi, après-midi et soirée), comme dans le tableau suivant, retracez tout ce que vous avez fait au cours de la dernière semaine ou tout ce que vous faites au cours d'une semaine normale.

Vous pouvez aussi remplir cette grille pour la semaine qui commence, en inscrivant chaque soir ce que vous avez fait pendant la journée. Avec cette dernière méthode, vous êtes assuré de retracer votre horaire de façon complète, ne comptant pas sur votre mémoire ou si peu. Par contre, la première méthode conviendra mieux aux gens pressés qui préfèrent reconstituer en une seule fois leur horaire hebdomadaire.

Pour être complet, votre horaire doit comprendre les catégories d'activités suivantes :

- tâches domestiques (ménage, achat de nourriture et de vêtements, préparation des repas, lavage, repassage, entretien de la maison…) ;
- soins d'hygiène personnelle (toilette, douche/bain …) ;
- soins donnés à vos enfants (bain, habillage, alimentation, rendez-vous chez le médecin, chez le dentiste…) ;
- activités faites avec ou pour vos enfants (aide aux devoirs, préparation des lunchs, jeux…) ;
- travail rémunéré (déplacement, temps de travail à l'extérieur …) ;

- activités sociales (rencontre avec amis/famille, visites...) ;
- activités de couple (souper en tête-à-tête, sortie, soirée de cinéma...) ;
- activités personnelles (lecture, randonnée à bicyclette, jardinage...).

	Lundi	Mardi	Mercredi	Jeudi	Vendredi	Samedi	Dimanche
Avant-midi							
Après-midi							
Soirée							

Votre horaire est rempli ? Il est sûrement très chargé. Survolons-le rapidement.

Retrouvez-vous des activités de chacune des catégories mentionnées précédemment ? Il y a fort à parier que les trois dernières catégories (activités sociales, de couple ou personnelles) y sont moins présentes et même, pour certains, complètement absentes. Le temps consacré aux amis et à la vie de couple ou le temps pour soi est souvent négligeable dans les horaires surchargés des parents. Certaines autres activités (soins personnels, activités avec les enfants) prennent peut-être peu de votre temps, tandis que les soins donnés aux enfants, les activités faites pour eux, le travail et les activités domestiques en grugent énormément.

À partir de votre horaire, répondez maintenant aux questions suivantes.

Votre horaire inclut-il...	Peu	Moyennement	Beaucoup
des activités physiques ? (emploi requérant des habiletés physiques, sports, marche, exercice)			
des activités mentales ? (emploi requérant de la concentration, de la précision, lecture, mots croisés, jeux de société, discussion)			
des activités sociales ? (travail en équipe, rencontre d'amis, activités de famille, groupe social)			
Dans quelle proportion vos activités...	Peu	Moyennement	Tout à fait
sont-elles obligatoires ?			
sont-elles choisies par vous ?			
sont-elles faites pour les autres ?			
sont-elles faites pour vous ?			
vous apportent-elles du plaisir ?			
vous sont-elles désagréables ?			

Dans quelle proportion vos activités...	Peu	Moyennement	Tout à fait
vous sont-elles indifférentes ?			
reflètent-elles vos intérêts ?			
rejoignent-elles vos habiletés ?			
Diriez-vous que...		Oui	Non
vous avez suffisamment à faire ?			
vous avez toujours trop à faire ?			
vous vous ennuyez souvent ?			

Déjà, vous êtes en mesure de faire certaines constatations à partir de ce dernier exercice. Vos activités sont-elles variées ou se regroupent-elles pour la plupart dans une seule catégorie (physique, mentale ou sociale)? Les activités obligatoires que vous n'avez pas vraiment choisies, mais que vous devez faire, prennent-elles une place prépondérante dans votre horaire? Vos activités répondent-elles majoritairement aux sollicitations des autres (patron, conjoint, enfants), ou y a-t-il place pour vos choix personnels? Avez-vous eu du mal à déterminer les activités qui vous sont désagréables ou ennuyeuses, de même qu'à préciser si elles rejoignent vos intérêts et habiletés particulières? Il est peu fréquent de se poser ce genre de questions. Par contre, vous avez probablement eu de la facilité à affirmer que vous avez trop à faire.

L'objectif ultime de cet exercice est de tenter de rendre votre quotidien compatible avec ce que vous êtes vraiment, de reprendre la maîtrise de vos journées et d'en retirer plus de plaisir que de fatigue. Cela demande réflexion, imagination et esprit de décision. Cette démarche ne peut être faite que par vous-même. Même si votre entourage vous dit «tu devrais faire ceci ou cela», rien ne changera si vous n'êtes pas prêt à modifier les choses.

Analyser vos activités

Voyons de plus près vos activités et analysons-les sur un plan quantitatif (la somme de tout ce que vous avez à faire) et sur un plan qualitatif (la façon de les faire, l'esprit dans lequel vous les faites et ce que vous en retirez). Puis, nous porterons une attention particulière aux activités qui ont un sens particulier pour vous, avant de nous demander si votre horaire correspond à vos priorités actuelles et s'il est équilibré.

La quantité d'activités doit être problématique dans votre horaire : vous avez beaucoup à faire et même trop. Voyons comment il serait possible de reprendre la maîtrise de vos journées surchargées. Commençons par les activités obligatoires que vous n'aimez pas et que vous retireriez volontiers de votre horaire. Identifiez-les en les encerclant.

Les activités obligatoires dont vous vous passeriez volontiers

Prenez ces activités une à la fois et, pour chacune, demandez-vous en premier lieu si elle est vraiment obligatoire. Attention ! La réponse spontanée sera probablement «évidemment». Prenez le temps d'y penser. Vous serez peut-être surpris par le nombre d'activités que vous accomplissez par habitude et parmi lesquelles certaines ne sont pas véritablement obligatoires : vous pourriez donc simplement les éliminer de votre horaire ou en écourter la durée. Vous devez être sélectif dans les tâches que vous souhaitez réaliser. Vous simplifierez déjà vos journées en faisant une croix sur ce que vous vous imposez inutilement. Pour les activités qui restent, qui doivent être faites et qui vous déplaisent, voyons différentes façons de leur consacrer moins de temps ou encore de les rendre plus agréables.

Devenez un peu myope

Faire le ménage de la maison est bien sûr obligatoire, mais est-il nécessaire que votre maison soit en tout temps aussi à l'ordre que dans les magazines de décoration, aussi propre que dans les chambres d'hôtel où du personnel est engagé pour faire l'entretien quotidien?

Imaginons que vous faites le ménage de votre maison à fond toutes les semaines bien que cette activité vous pèse, ou que vous passiez toujours derrière vos enfants pour vérifier que leur lit est fait, sans aucun pli, ou que leurs jouets sont bien rangés à la bonne place. Dans ce cas, vous feriez un premier pas vers la sagesse en montrant plus de compassion à votre endroit et en acceptant les imperfections. Si vous faisiez le ménage aux deux semaines, les quelques grains de poussière supplémentaires rendraient-ils votre famille malheureuse? Cet ourson qui dort sur le plancher plutôt que sur le lit ou ce lit encore un peu froissé met-il en péril le bonheur de votre famille?

Devenez un peu myope et plus détendu: votre famille en profitera. Vous ne pouvez pas être parfait dans tous vos rôles et vous ne pouvez pas non plus attendre la perfection de votre entourage. Choisissez judicieusement les activités auxquelles vous consacrez votre temps et votre énergie. Cessez de vous sentir responsable de tout. Et n'oubliez pas que vous essayez ici de vous accorder une place dans vos journées, de vous retrouver dans votre quotidien.

Faites du troc

Une autre solution possible pour ces activités obligatoires qui vous déplaisent est l'échange de services. Il s'agit de choisir une activité que vous n'aimez pas et qu'une autre personne aime et de l'échanger pour une activité qui vous plaît davantage et qui ennuie l'autre personne ou lui déplaît. Cet échange peut se faire avec votre conjoint, avec un voisin ou une voisine et même avec vos enfants.

QUELQUES EXEMPLES

	Je	Tu
Avec votre conjoint	règle les factures du mois… lave la voiture… supervise les devoirs…	donnes le bain aux enfants ; passes l'aspirateur ; prépares les repas.
Avec un voisin ou une voisine	fais une recette double… de spaghetti que je partage avec toi… répare la marche défectueuse de ton escalier… emmène tes enfants à leur pratique de hockey…	vas chercher les enfants à l'école pendant la semaine ; coupes mon gazon ; achètes les quelques articles dont j'ai besoin en faisant tes courses.
Avec un de vos enfants	prépare le repas… range ton linge propre dans tes tiroirs… prépare ton lunch pour demain…	mets la table ; vides les corbeilles ; à papier de la maison ; mets la vaisselle ; dans le lave-vaisselle.

Si les activités suggérées à l'autre le sont en fonction de ses intérêts, vous faites alors tous deux une activité qui vous plaît et l'activité obligatoire moins agréable pour vous est également accomplie.

Nombreuses sont les activités obligatoires que vous ne pouvez éliminer ou échanger avec d'autres personnes, mais vous pouvez certainement les écourter ou les rendre plus agréables en modifiant votre façon de les faire.

Faites autrement

Une maxime anglaise dit : « Si tu n'aimes pas cela, change-le. Et si tu ne peux le changer, aime-le. » Pour modifier ces activités que vous n'aimez pas mais que vous devez faire, apprenez à les faire autrement. Chez vous, les soupes maison sont à l'honneur ? Bravo ! Mais couper tous les légumes vous déplaît ? Ceux vendus déjà prêts à être utilisés ne feraient-ils pas l'affaire ? Ils ne sont pas coupés tout à fait de la grosseur que vous souhaitez ? Et alors ? Cela changera-t-il vraiment la qualité de votre soupe ?

Vous détestez repasser les vêtements ? Les draps, les serviettes et plusieurs vêtements nécessitent peu ou pas de repassage s'ils sont sortis immédiatement du sèche-linge. En évitant d'acheter des vêtements de coton ou de lin, cette activité qui vous déplaît prendra moins de temps dans vos journées.

Vous pouvez aussi ajouter un peu de fantaisie à ces activités afin qu'elles deviennent presque agréables. Ainsi, le repassage est beaucoup moins ennuyeux en regardant la télévision ou en écoutant de la musique qu'en étant isolé dans une pièce. Le fait de passer l'aspirateur en chantant fera peut-être paraître cette activité moins longue. Nettoyer le terrain avec l'un de vos enfants et voir sa joie de faire une activité de *grand* avec vous amènera du soleil dans cette activité qui vous pesait.

Ce sont souvent les petites choses que vous pouvez modifier le plus facilement. Puis-je fournir un exemple personnel ? À l'époque où mes deux fils étaient adolescents, je me suis aperçue qu'ils ne se préoccupaient pas de mettre leurs chaussettes à l'endroit quand ils me les donnaient à laver et, de mon côté, il me *fallait* les retourner après chaque lavage. Plusieurs demandes leur ont été faites en ce sens, mais sans succès. Je les ai alors informés que, dorénavant, je pliais les chaussettes comme elles sortaient du lavage. Il leur appartenait de faire le nécessaire avant le lavage, ou avant de mettre leurs chaussettes toutes propres. En changeant ma façon de faire, j'ai cessé de me préoccuper de ce détail qu'ils pouvaient très bien régler à leur convenance.

Pour chacune de ces activités qui vous sont désagréables, demandez-vous comment vous pourriez la faire autrement et nul doute que vous trouverez des moyens ingénieux de vous simplifier la vie.

Cherchez la cause

Vous pouvez également trouver comment rendre plus agréables les activités qui vous déplaisent en cherchant pourquoi elles vous sont désagréables. En agissant sur les causes, en identifiant ce qui vous déplaît dans une activité, vous serez en mesure d'y apporter un correctif. Les raisons de ce déplaisir peuvent être liées à certaines étapes de l'activité ou au contexte dans lequel vous la faites. Prenons un exemple.

Supposons que vous n'aimez pas faire l'épicerie.

	Pourquoi?	Modifications possibles de l'activité
Étapes de l'activité	Fastidieux de penser à tout et de ne rien oublier.	Demander à toute la famille d'inscrire au fur et à mesure les articles manquants sur un tableau magnétique fixé sur le réfrigérateur.
	Pénible de devoir planifier tous les menus de la semaine.	Au cours d'un repas, inviter les membres de la famille à proposer des menus pour la semaine à venir.
	Long de tout ranger au retour.	Demander l'aide de vos enfants pour ranger, ce qui leur permettra de découvrir toutes les bonnes choses que vous avez achetées pour eux. Une petite surprise trouvée au fond d'un sac augmentera sensiblement leur motivation à vous aider.
Le contexte	Trop de monde.	Faire le marché à un moment plus calme ou éviter les grandes surfaces.
	Ennuyeux.	Faire votre marché avec une autre personne ; cette activité ennuyeuse deviendra alors une activité sociale agréable.
	Toujours pressé.	Passer une entente avec votre conjoint : vous avez besoin qu'il garde les enfants deux heures pour faire l'épicerie en toute quiétude.

Refaites cet exercice pour chaque activité obligatoire qui vous déplaît et vous serez surpris du nombre de petits trucs que vous trouverez pour changer les choses.

Voyez les choses sous un autre angle

Outre la façon de faire vos activités, l'état d'esprit avec lequel vous les faites peut aussi les rendre soit plus fatigantes soit plus agréables. Imaginons que vous devez accompagner votre enfant à sa partie de football. Ce temps vous serait pourtant fort utile pour préparer les repas du lendemain, passer l'aspirateur dans la maison ou laver l'auto. En pensant de la sorte, cette activité — qui pourrait être reposante — vous apporte fatigue et préoccupations, car vous y ajoutez une charge mentale. Si vous abordiez cette activité non pas comme une perte de temps mais comme un moment de détente, une occasion de rencontrer d'autres parents, d'être à l'extérieur, de reconnaître les habiletés et le plaisir de votre enfant ?

Vous êtes pris dans un bouchon de circulation : bien sûr, c'est une perte de temps insupportable quand on sait tout ce qu'on a à faire ! Et si ce moment vous était donné pour vous permettre d'admirer le magnifique coucher de soleil, d'apprécier le calme du jardin que vous longez ?

Quand vous racontez une histoire aux enfants, au moment du coucher, laissez-vous entraîner par le récit, vous en retirerez alors du plaisir (comme vos enfants) et vous n'aurez pas l'impression de faire une corvée.

Le secret consiste donc à aborder avec un esprit positif ces activités qui vous pèsent. Nous l'avons déjà dit, ce n'est pas toujours l'activité elle-même qui fatigue, mais davantage les pensées préoccupantes, souvent tournées vers le futur, qui les contaminent. Même si l'activité en cours est agréable, on n'en retire pas le plaisir escompté. Nous aurons l'occasion de revenir plus loin sur les vertus de vivre pleinement le moment présent.

Les activités qui vous plaisent

Parmi les activités figurant dans votre horaire, lesquelles aimez-vous le plus ? Soulignez-les en rouge. Attention, il s'agit d'activités que vous avez plaisir à faire pour elles-mêmes et non exclusivement en fonction du résultat. Tout le monde aime que le ménage soit bien fait, que les repas soient succulents. Tout le monde n'aime pas pour autant faire ces activités.

Celles que vous trouvez vraiment agréables peuvent toutefois être des activités que vous devez faire, donc des activités obligatoires. Par exemple, vous aimez couper le gazon, faire du rangement, nettoyer la piscine, préparer les repas. Si tel est le cas, vous êtes privilégié, puisque malgré l'obligation de l'activité, vous savez en retirer du plaisir. Alors, profitez-en au maximum. Notons que les activités qui plaisent à l'un peuvent franchement horripiler l'autre. C'est une affaire hautement personnelle et c'est d'ailleurs ce qui permet de faire le troc dont nous avons parlé précédemment.

Si votre emploi se retrouve parmi les activités qui vous plaisent, c'est évidemment un grand avantage, étant donné que vous y consacrez la plus grande partie de vos journées. Être intéressé, voire passionné par ce qu'on fait huit heures par jour est vraiment moins fatigant et plus stimulant que de percevoir son boulot comme un boulet. Si ce n'est pas le cas, il est à espérer que vous arrivez à trouver certains aspects agréables à votre travail.

Les activités qui vous plaisent particulièrement peuvent être d'un autre registre, de celles qui ne sont pas obligatoires : faire un potager, tenir un journal personnel, faire de l'exercice. Il peut alors arriver que vous vous sentiez parfois un peu coupable de consacrer du temps à ces activités non obligatoires. Parlez-vous comme vous parlez à votre meilleur ami : vous avez pris sagement l'initiative de garder un peu de temps pour vous-même dans votre quotidien. Conservez cette bonne habitude en toute quiétude, car il est important de faire ces activités qui ont un sens pour vous.

L'importance d'avoir des activités significatives

Ces activités que vous aimez beaucoup, auxquelles vous accordez une importance particulière, peuvent être très différentes de celles qu'apprécie votre conjoint ou vos amis, mais dans tous les cas, nous avons besoin d'avoir dans l'ensemble de notre routine de telles activités qui ont de la valeur pour nous. Ces activités donnent un sens et un but à vos journées et elles vous aident à exécuter de manière plus sereine les autres tâches moins agréables.

Certains chercheurs[2] ont observé un lien entre l'engagement de la personne dans des activités qu'elle valorise et la perception qu'elle a d'être compétente, capable et valable. On a également démontré que la dépression peut être surmontée quand la personne a l'occasion de tirer une signification particulière de ses activités de tous les jours, quand elle croit à la possibilité de faire des choix et de contrôler sa vie.

Les activités qui comptent pour vous contribuent à votre qualité de vie. Celle-ci ne repose pas uniquement sur les conditions matérielles mais aussi — et peut-être davantage — sur l'expérience affective vécue au cours des journées, sur le sens et la satisfaction que vous retirez de votre quotidien.

Une activité peut être significative pour diverses raisons. Peut-être vous rappelle-t-elle de bons moments : vous avez découvert le plaisir de la menuiserie avec votre père et chaque fois que vous vous y adonnez, de beaux souvenirs remontent à la surface. Peut-être aimez-vous telle activité parce qu'elle

2. WHALLY HAMMEL, K. (2004) Dimensions of meaning in the occupation of daily life. *Revue canadienne d'ergothérapie.* 5, p.16.

représente la réalisation d'un rêve ou la concrétisation d'un intérêt toujours mis en veilleuse (vous rêviez du jour où vous joueriez avec vos enfants, vous avez toujours voulu apprendre le piano ou l'espagnol, faire un potager ou suivre un cours de yoga). Cette activité aimée peut aussi être en continuité avec des activités que vous aimiez dans le passé (reprendre la pratique d'un sport, ressortir vos crayons pour dessiner ou votre plume pour écrire, recommencer à chanter dans une chorale). Il se peut aussi qu'une activité soit agréable et très satisfaisante pour vous parce qu'elle vous permet d'exploiter vos habiletés particulières : habiletés d'organisation, imagination, entregent.

Chaque fois que nous nous adonnons à une activité que nous aimons et encore plus si elle nous passionne, nous en ressortons avec une énergie renouvelée. En effet, de telles activités servent de soupape en libérant la tension accumulée. Elles permettent aussi de refaire le plein d'énergie. Il faut tendre à avoir dans votre quotidien le plus d'activités possible qui vous touchent, qui vous sont agréables.

Si, actuellement, vous n'avez dans votre horaire aucune activité qui vous plaît, vos journées doivent vous paraître bien ennuyeuses et épuisantes. Efforcez-vous de trouver rapidement au moins une activité qui vous allume, qui suscite votre intérêt et incluez-la dans votre horaire. Prévoyez chaque jour une activité qui vous plaît. Il peut s'agir d'une activité de courte durée : par exemple, prendre un bain avec musique et chandelles, lire tous les jours 20 minutes, faire une promenade en solitaire. L'important, ce n'est pas sa durée, mais bien sa régularité dans votre horaire.

Prenez conscience de l'importance de ces activités, préservez jalousement le temps qui leur est réservé et, grâce à elles, tirez le meilleur parti de chaque journée.

En changeant votre façon de faire et certaines de vos habitudes, vous simplifierez votre vie. En étant attentif à l'état d'esprit qui vous habite lors de vos activités, vous serez susceptible d'en tirer davantage de plaisir. En maintenant précieusement celles qui ont un sens particulier pour vous, vous vous accorderez de la place dans vos journées.

Vos activités correspondent-elles à vos priorités actuelles ?

Quelles sont vos priorités actuellement ? Votre vie familiale ? Votre vie professionnelle ? Votre sécurité financière ?

L'ensemble de vos activités correspond-il à vos priorités ? Votre temps est-il surtout dévolu à des activités que vous jugez importantes ? Quand nous disons « je n'ai pas le choix » ou « je n'ai pas le temps », cela n'est pas tout à fait juste. Nous choisissons nos priorités et l'usage de notre temps en est le reflet.

Votre emploi du temps est donc un bon indicateur de vos priorités. Jetez-y un regard critique. Les activités qui sont inscrites à votre agenda reflètent-elles ce qui est important pour vous ? Les personnes qui monopolisent votre temps sont-elles celles qui vous importent le plus ?

Quel rôle prend le plus de votre temps dans votre vie actuelle ? Celui de travailleur ? De parent ? D'ami ? De conjoint ? Celui dévolu aux tâches domestiques ? Cela vous satisfait-il ? Cela correspond-il à vos priorités ?

Sinon, vous devez faire des choix. Les activités domestiques vous pèsent, mais l'ordre et la propreté sont primordiaux pour vous ? Vous pourriez vous payer les services d'une personne pour faire le ménage si vous réduisiez les dépenses consacrées à des choses moins importantes pour vous (vêtements, coiffure, abonnements à des journaux et magazines). Votre vie familiale est une priorité ? De façon concrète, cela peut signifier que vous choisissez de ne pas faire de temps supplémentaire à votre travail ; cela peut même aller jusqu'à changer d'emploi pour passer plus de temps avec votre famille et à remettre à plus tard vos ambitions professionnelles. La sécurité financière est une de vos priorités ? Peut-être alors devrez-vous reporter de quelques années votre projet de voyage en famille.

Prioriser signifie accorder des valeurs différentes aux divers aspects de sa vie et agir en conséquence. Si on ne priorise pas ce qui est important pour soi, on court dans tous les sens et on est rapidement épuisé, tout autant qu'insatisfait. Par ailleurs, avec les années, les priorités changent et il est utile de s'arrêter de temps en temps pour se demander si nos choix d'hier nous conviennent toujours, s'ils reflètent ce que nous sommes vraiment aujourd'hui et ce que nous voulons. Si l'ensemble de votre énergie et de votre temps n'est pas consacré à des activités prioritaires pour vous, peut-être de nouveaux choix s'imposent-ils ?

Apprenez à dire non

Pour être fidèle à vos priorités, peut-être devrez-vous apprendre à dire non à certaines sollicitations. Quand on vous fait une demande, prenez le temps d'évaluer si elle correspond à vos priorités actuelles et si c'est le bon moment d'ajouter une tâche à votre quotidien. Pour y parvenir, ne devriez-vous pas en éliminer une autre ?

Certaines personnes ont du mal à dire non, d'autres s'enthousiasment spontanément pour tout nouveau défi. Que vous soyez d'un type ou de l'autre, évaluez bien la situation. Les personnes trop obligeantes sont souvent surmenées ou frustrées. Apprendre à dire non à certaines demandes est une façon de vous respecter, d'être fidèle à vos priorités et d'éviter d'ajouter du stress à vos journées déjà bien remplies.

Votre horaire est-il équilibré ?

Qu'est-ce qu'un horaire équilibré ? C'est celui qui apporte satisfaction et qui ne laisse pas la personne épuisée à la fin de chaque journée tout en la stimulant suffisamment pour qu'elle ne s'ennuie pas. Cet équilibre est une notion subjective et non mathématique. Il faut se connaître et tenir compte de son rythme et de sa capacité de travail. Avec un horaire donné, certains se sentent très bien alors que d'autres s'ennuient et que d'autres enfin sont exténués. Le vôtre devrait contenir suffisamment d'activités qui vous permettent d'éviter l'ennui tout comme l'épuisement. Votre horaire devrait vous donner le sentiment de garder le contrôle de vos journées et vous apporter la satisfaction de faire les choses qui comptent pour vous.

Bien sûr, l'organisme humain peut supporter un déséquilibre temporaire : par exemple, lors d'un déménagement, les journées sont chamboulées et épuisantes ; de même, lors de la naissance d'un enfant (et alors les nuits sont aussi écourtées). Toutefois, pour rester en santé, il faut tendre vers un équilibre qui apporte bien-être et plaisir de vivre.

Un horaire équilibré devrait aussi vous permettre d'assumer vos différents rôles sans qu'aucun ne prenne toute la place. Je pense ici au travail, ce grand organisateur de votre temps : vous y passez huit heures par jour, sinon plus. Il faut être vigilant pour qu'il ne déborde pas davantage et devienne *l'activité* de votre vie. La vigilance s'impose à ce sujet, car l'habitude se prend facilement de travailler toujours davantage. Certaines personnes risquent réellement de devenir des travailleurs compulsifs.

Un horaire équilibré est aussi celui qui contient des activités variées : des activités qui demandent de vous dépenser physiquement, qui font appel à vos habiletés mentales et qui favorisent des contacts sociaux et l'expression de vos sentiments ; autrement dit, des activités qui permettent de satisfaire vos besoins biologiques, psychologiques, intellectuels et sociaux, besoins communs à tout être humain.

Votre horaire présente-t-il une telle variété d'activités ? Si votre travail est plutôt sédentaire, vos loisirs sont-ils de même nature? Ils auraient avantage à être plus physiques. Les activités physiques peuvent se diviser en trois catégories : il y a celles qui stimulent particulièrement la fonction cardiorespiratoire (course), celles qui sollicitent l'endurance (longue promenade à pied) et celles qui procurent une détente (courte promenade). À vous de choisir celles qui vous conviennent le mieux.

Votre travail s'exerce-t-il en lien avec d'autres personnes (collègues de bureau, clients…) ou est-il fait sans réel contact avec les autres (archiviste, travail en usine)? Dans le dernier cas, des loisirs faits en groupe et des activités sociales pourraient ajouter de la variété à votre quotidien. Certaines personnes sont plus extraverties que d'autres, qui sont plus individualistes, mais nous avons tous besoin de contacts avec les autres.

Dans l'ensemble de vos activités, avez-vous l'occasion de solliciter vos facultés mentales : concentration, stratégies, réflexion, créativité? Ici encore, vos loisirs peuvent combler cette lacune si votre emploi ne le permet pas. Des jeux de société, l'invention de recettes, la lecture, l'écoute de documentaires télévisés, voilà des exemples d'activités stimulant vos fonctions mentales. Les discussions entre collègues de travail ou amis le permettent aussi, tout en comblant le besoin de contacts sociaux.

L'équilibre est un concept dynamique, susceptible de changer au fil du temps. Vous évoluez et cela se reflète tant dans vos intérêts que dans vos activités. Dans quelques années, votre horaire sera probablement fort différent de celui que vous venez d'identifier.

N'attendez toutefois pas la retraite pour avoir un horaire qui vous plaît. Voyez-y dès maintenant. C'est votre vie qui passe jour après jour. Prenez les choses en main pour que vos journées vous ressemblent vraiment et vous apportent plaisir et satisfaction maintenant, pour que votre vie soit fertile et non fébrile, pour qu'elle soit heureuse et non fiévreuse.

Rappelez-vous qu'on a le temps qu'on se donne et que vous seul avez le pouvoir d'y apporter des changements. Prenez aussi conscience que vous êtes la seule personne qui vous accompagnera tout au long de votre vie. Cela vaut largement la peine que vous vous donniez les moyens de vous sentir bien.

« *J'ai changé* »

Avant

- La routine m'attendait chaque matin et je n'avais jamais assez de temps pour tout faire.

Aujourd'hui

- Je mise sur les choses importantes.
- Je sais créer de la nouveauté dans mon quotidien.
- Je rends chaque moment excitant.
- Je prends plaisir à faire mes activités.
- Je garde le contrôle de mes journées.
- **... je vis ma vie.**

CHAPITRE 3

MIEUX GÉRER VOTRE ÉNERGIE POUR ÊTRE MOINS FATIGUÉ

▼

La fatigue est une affaire d'âme! Une teinte appliquée
sur le corps pour indiquer le climat intérieur.

Georges Cartier

L'essentiel n'est pas de vivre, mais de bien vivre.

Platon

Pour terminer un marathon et peut-être décrocher une médaille, un coureur de fond doit gérer son énergie tout au long de la course. Si le départ est trop rapide ou s'il maintient une vitesse trop élevée pendant la course, il n'aura plus d'énergie pour le sprint final. Une personne débordée doit aussi apprendre à gérer son énergie tout au long de ses journées. Vous avez sûrement déjà rêvé d'une cure de sommeil de plusieurs jours pour régler votre problème de fatigue, mais l'énergie ne peut s'emmagasiner en vue d'un usage ultérieur, pas plus que le sommeil d'ailleurs. Il faut donc apprendre à économiser vos efforts et à utiliser à bon escient votre énergie.

L'analyse de votre emploi du temps au chapitre précédent et les correctifs que vous y apporterez pourront à la fois simplifier votre quotidien et vous laisser plus d'énergie. À cela, nous ajoutons des techniques de gestion d'énergie que vous pouvez appliquer dès aujourd'hui et qui demeureront vos alliées pendant toutes les années à venir. Elles vous permettront de ménager vos forces et d'éviter l'épuisement.

Quatre grands principes peuvent vous guider dans la gestion de votre énergie : l'équilibre entre le repos et le travail, la planification de vos activités, la simplification des tâches et l'organisation fonctionnelle de votre environnement.

L'équilibre entre le travail et le repos

Équilibrer le travail et le repos constitue une approche logique pour combattre la fatigue. Cela signifie *avoir toutes les nuits un sommeil suffisant et réparateur*. Pour parvenir à concilier l'ensemble de leurs tâches, certains parents grugent sur leurs heures de sommeil, mais le manque de sommeil a des répercussions non négligeables à long terme : irritabilité, fatigue, manque d'énergie. Le corps (et l'esprit) a besoin de repos pour refaire ses forces.

Équilibrer le travail et le repos, c'est toutefois plus que cela. Il faut également *organiser vos activités en tenant compte de l'énergie requise*. Si vous faites alterner des activités requérant beaucoup d'énergie (se rendre à une entrevue d'embauche, préparer un rapport, changer les lits) avec d'autres moins exigeantes (jouer avec les enfants, épousseter, arroser les plantes), vous permettrez à votre corps et à votre esprit de récupérer de l'effort fourni et cela vous évitera de toujours fonctionner à plein régime.

Pour refaire le plein d'énergie, il y a aussi une très bonne habitude à prendre, celle qui consiste à *prendre un moment de repos après une activité exigeante*. Prenez une pause de quelques minutes pour admirer l'arbre derrière la maison, écouter un disque, boire un café, et vous vous sentirez plus en forme pour poursuivre vos autres activités. Ce principe vaut également au travail. Après avoir terminé la rédaction d'un document, prenez quelques minutes pour vous étirer, faire quelques pas, boire un jus de fruits. Cela vous permettra d'évacuer la fatigue et d'entreprendre avec plus de vigueur la tâche suivante.

Exécutez les activités qui requièrent beaucoup d'énergie lorsque vous sentez que vous en avez le plus. Ces activités peuvent être celles qui demandent une grande dépense d'énergie physique, mais aussi celles qui vous pèsent et donc qui ont une grande charge mentale ou psychique pour vous. Il peut s'agir par exemple de faire un téléphone qui vous inquiète, de clarifier la situation après une dispute avec un collègue ou un ami, de demander les résultats d'un examen médical.

La plupart des personnes ont plus d'énergie le matin, mais ce n'est pas le cas pour tout le monde. De fait, chaque personne a son propre rythme biologique : l'une est efficace très tôt le matin, une autre ne commence à fonctionner véritablement que vers onze heures. Cette dernière pourra travailler jusqu'à tard dans la soirée sans problèmes, tandis que la première sera incapable de faire quoi que ce soit après vingt heures. En apprenant à connaître votre mode de fonctionnement, vous pourrez mieux répartir vos activités.

Si vous accomplissez les activités qui vous plaisent le moins quand vous êtes plus reposé, elles vous paraîtront moins lourdes. Quand on est fatigué, tout pèse davantage : les tâches les plus simples sont accablantes. Quand on est fatigué, on fait aussi plus d'erreurs et cela peut se refléter dans toutes les sphères de la vie, incluant même la conduite automobile.

La planification de vos activités

La planification de vos activités vous aidera aussi à gérer votre énergie. Vos désirs peuvent être illimités, mais pas vos capacités. Il faut en tenir compte pour éviter l'épuisement. Plus votre quotidien est chargé, plus il est important de planifier judicieusement vos activités.

Il faut toutefois faire la différence entre «planifier» et «contrôler». Planifier, c'est tenter de prévoir et agir en conséquence. Contrôler, c'est vouloir avoir la main mise sur tout ce qui se passe, que tout concorde avec ses désirs, que tout soit fait à sa façon : cela n'est pas réaliste et une telle attitude sape beaucoup d'énergie.

Planifier, ce n'est pas non plus vivre dans le futur ; c'est plutôt organiser son présent, particulièrement dans les aspects pratiques de sa vie, pour faciliter le lendemain. Ainsi, *en répartissant les tâches les plus exigeantes sur l'ensemble de la semaine*, vous économisez vos forces. Il n'est écrit nulle part que vous devez laver toutes les fenêtres ou effectuer toutes les petites réparations de la maison la même journée. Faire la liste des tâches à accomplir pendant la semaine vous aidera à mieux planifier chacune de vos journées.

C'est une bonne habitude à prendre que de *faire des listes* ; cela vous évite de parasiter votre cerveau de toutes ces choses à ne pas oublier. Votre cerveau n'est pas un disque dur qui peut tout enregistrer. Alors, mettez par écrit les questions à poser lors de votre rendez-vous chez le médecin ou avec l'enseignant de votre enfant. Cela vous libérera l'esprit. Vous éviterez d'y penser constamment, en vous disant «il ne faut pas que j'oublie de lui poser telle question». Vous pourrez donc passer à autre chose.

En combinant des activités dans un même lieu ou à un même moment, vous rentabilisez votre temps tout en faisant l'économie de pas inutiles. Par exemple, au retour d'un rendez-vous, si vous arrêtez acheter le litre de lait qui manque, cela vous évitera de ressortir quelques minutes plus tard. D'autres exemples ? En allant porter des vêtements dans une chambre, rapporter la corbeille remplie de papiers pour la vider ; en descendant le linge à laver au sous-sol, sortir du congélateur les aliments qui seront servis au dîner ; en allant porter le sac à ordures à l'extérieur, vérifier si le courrier est passé. En économisant des allers-retours, vous garderez plus d'énergie et de temps pour faire autre chose.

Le matin étant un moment particulièrement chargé pour toutes les familles, il est utile de *déterminer quelles tâches on peut faire la veille* (douche, préparation des lunchs, de la table, du petit-déjeuner, des sacs d'école) : le matin venu, une telle planification allégera d'autant la course contre la montre avant de partir de la maison.

De plus, en établissant avec les enfants des habitudes à la mesure de leurs moyens, ils les intégreront graduellement et vous n'aurez plus à répéter constamment les mêmes consignes. Sortir leurs vêtements des placards et les mettre à leur portée les aidera aussi à être plus autonomes pour s'habiller. En prévoyant la veille les vêtements qu'ils porteront le lendemain ainsi que les vôtres, vous éviterez de devoir, par exemple, coudre un bouton ou repasser en vitesse une chemise le matin.

Planifiez vos repas pour la semaine. Cela vous permettra d'acheter en une seule fois ce dont vous aurez besoin pour les sept jours à venir. À votre retour du travail, le menu sera décidé et vous ne perdrez pas d'énergie à vous demander ce que vous allez servir.

Vous vous préparez à faire le grand ménage ? Sortez à l'avance les divers produits de nettoyage et les chiffons dont vous aurez besoin. Vous serez alors assuré d'avoir tout en main et cela évitera de devoir cesser votre activité pour courir acheter un produit manquant. L'utilisation d'un panier pour transporter les produits de nettoyage d'une pièce à l'autre vous facilitera la tâche. Même chose si vous décidez de procéder à la réparation d'un carreau brisé ou de poser une étagère ; dans ce cas, un tablier de menuiserie vous sera utile pour avoir sous la main marteau, crayon, ruban à mesurer…

Planifier permet d'avoir prise sur ses activités et de gérer son énergie de façon efficace.

La simplification de vos tâches

Vous dépensez moins d'énergie si vous simplifiez l'exécution de vos tâches. Des principes de physiologie et d'ergonomie peuvent venir à votre rescousse. Ainsi, *une activité faite dans une position moins fatigante requiert moins d'énergie*. Quelle logique, non ? Alors, pourquoi ne pas prendre l'habitude de peler les légumes ou de réaliser de petits projets de menuiserie en position assise plutôt que debout ? De fait, la position assise permet de réduire la dépense d'énergie de 25 %. De plus, vous diminuez ainsi les tensions dans votre dos et dans vos jambes.

Le fait de travailler toujours dans la même position fatigue davantage le corps que lorsque l'on bouge. En effet, les muscles se fatiguent plus facilement quand ils sont statiques. Si vous devez travailler debout longtemps, évitez de répartir le poids de votre corps sur les deux jambes sans bouger. Par exemple, quand vous travaillez devant l'évier de la cuisine, prenez l'habitude d'ouvrir la porte de l'armoire du bas et de poser un pied sur le rebord pendant quelques minutes, puis alternez avec l'autre pied. Un tabouret peut remplir la même fonction. Ce principe vaut également au travail si vous êtes constamment debout, immobile (caissier dans un magasin, préposé à l'accueil dans une bibliothèque).

Pour soulever des poids, il faut utiliser les muscles les plus forts. Les muscles des cuisses sont plus forts que ceux du dos. Alors, quand votre enfant est par terre ou dans la baignoire et que vous voulez le prendre dans vos bras ou quand vous devez saisir des objets lourds qui sont au sol, pliez les genoux pour faire travailler les muscles de vos cuisses. Vous éviterez de la sorte des dépenses d'énergie et ménagerez aussi votre dos.

Les muscles des épaules sont plus forts que ceux des bras et ceux-ci plus forts que ceux des mains. Pour transporter un lourd sac d'épicerie, servez-vous de vos deux bras et évitez de le tenir d'une seule main, à bout de bras. Le transport d'objets lourds est plus facile si on les tient près de son corps. Pour transporter votre enfant dans vos bras, appuyez-le sur votre hanche, qui absorbera le plus gros de son poids, au lieu de solliciter exclusivement vos bras et votre dos. Si votre sac à main est toujours bien rempli, optez pour un sac à dos. Alors, il vous faudra bien utiliser les deux sangles, évitant de la sorte de ne solliciter qu'un seul côté du corps. Et sachez que son poids ne devrait pas dépasser 15 % à 20 % de votre poids corporel. Ce principe vaut également pour vos enfants ; dans leur cas, le pourcentage à respecter est de 10 % de leur poids. L'utilisation des deux sangles leur évitera des déformations du dos.

Il est plus facile de pousser un gros objet que de le tirer, car en poussant vous mettez à contribution le poids de tout votre corps. S'il s'agit d'un meuble, un tapis glissé dessous facilite la manœuvre. Si vous devez brasser un mélange de peinture ou une recette pendant plusieurs minutes, mieux vaut le faire sur la table dont la hauteur vous permet d'utiliser la force de tout votre corps plutôt que sur un comptoir qui, étant plus haut, vous demande de travailler les bras surélevés : l'activité sera alors moins fatigante et vous aurez plus d'endurance pour terminer le travail.

Bien sûr, vous pouvez également *diminuer vos exigences personnelles* : changer les lits une fois au lieu de deux fois par semaine demandera deux fois moins d'énergie pour les défaire, laver les draps et taies d'oreiller, et refaire les lits. Si la laveuse à linge est au sous-sol, vous pouvez transférer tout le linge sale du panier à une taie d'oreiller et la jeter au bas de l'escalier plutôt que de transporter le panier. Faire les lits demande moins d'énergie si on utilise un édredon léger plutôt que plusieurs couvertures.

Si vous apprenez à mieux gérer votre énergie, vous aurez moins l'impression d'être toujours à bout de souffle. Vous serez moins fatigué.

L'aménagement de votre environnement

Un aménagement judicieux de votre maison permettra de tout avoir à portée de la main ; vous trouverez alors aisément ce dont vous avez besoin. De la sorte, votre travail sera facilité et vous épargnerez vos forces. Pour une organisation fonctionnelle de votre environnement, il est utile de considérer les activités qui sont faites dans chacune des pièces de la maison et de regrouper les objets nécessaires à leur exécution.

Zones d'activité

Prenons l'exemple de la cuisine. Dans le schéma suivant[1], on trouve cinq zones d'activité caractéristiques d'une cuisine, ainsi que les objets qui devraient se trouver dans chacune de ces zones.

Préparation des repas	Cuisson	Lavage et rangement de la vaisselle	Rangement des provisions	Entretien
Planche à découper	Batterie de cuisine	Lave-vaisselle	Conserves	Bac à recyclage
Couteaux	Moules	Égouttoir	Céréales	Produits nettoyants
Bols à mélanger	Ustensiles	Détergent	Collation	Sacs à ordure
Mesures et cuillères	Poignées	Torchons	Pâtes	Balai ; porte-poussière
Appareils ménagers		Placards pour la vaisselle	Autres aliments	Papier d'emballage pour nourriture
		Tiroirs pour les couvert		

1. MORGENSTERN, J.(2002). *Organisez votre vie pour mieux la vivre*. Varennes, Québec: Éditions ADA Inc.

La zone de préparation des repas devrait être là où votre comptoir est le plus long, ce qui est le plus souvent le cas entre l'évier et la cuisinière ou entre l'évier et le réfrigérateur. Les placards se trouvant en dessous ou au-dessus de ce comptoir devraient contenir tous les objets identifiés pour la préparation des repas.

La zone de cuisson devrait être près de la cuisinière et *la zone de lavage et de rangement de la vaisselle* près de l'évier. Quant à *la zone de rangement de la nourriture*, outre le réfrigérateur, vous avez peut-être un placard distinct pour la nourriture sèche : il devrait se trouver près du réfrigérateur. Sinon, vous pouvez utiliser une armoire à proximité du réfrigérateur. Enfin, ce qui vous est utile pour l'entretien de la cuisine (éponges, produits nettoyants, balais, sacs à ordure) devrait être regroupé dans la *zone d'entretien*, à l'intérieur d'un même placard ou dans une armoire.

De la sorte, chaque objet se trouve à l'endroit où il est susceptible d'être utilisé, vous permettant d'exécuter l'activité requise sans fatigue inutile pour chercher ce dont vous avez besoin.

Peut-être avez-vous instinctivement organisé votre cuisine de cette manière ? Alors, bravo ! Les autres pièces de votre maison sont-elles aussi divisées en zones d'activité ? Le panier pour le linge sale est-il placé dans la zone *hygiène personnelle*, soit dans ou près de la salle de bain, permettant à chacun d'y déposer ses vêtements dès la sortie de la douche ? Près de votre téléphone, retrouvez-vous le bottin téléphonique, votre carnet de numéros de téléphone, du papier, des crayons pour prendre les messages et un siège pour vous asseoir ? Avez-vous une *zone finances* regroupant les factures à payer, les factures acquittées, des enveloppes, des timbres, des crayons ? Cette zone se trouve-t-elle près d'une table où vous pouvez vous asseoir ou près de l'ordinateur, si vous payez vos factures en ligne ? Vos documents personnels (contrats d'assurances, investissement, reçus, relevés bancaires, relevés d'impôts) sont-ils aisément retrouvables, parce que regroupés dans un même endroit ? Où sont rangées vos nappes, vos bougies, vos boissons alcoolisées ? Dans la pièce où vous vous en servez le plus souvent ou dans divers placards se trouvant dans différentes pièces ?

Pour créer les zones d'activité, il s'agit simplement de se demander quelles activités vous faites dans chacune des pièces. Dans la salle de séjour, lisez-vous, regardez-vous la télé, écoutez-vous de la musique, faites-vous des jeux de société ? Si vous répondez oui à chacune de ces questions, vous devriez donc avoir quatre zones regroupant chacune les objets requis. Si vous n'y jouez pas à des jeux de société, pourquoi ceux-ci se retrouveraient-ils dans la salle de séjour ?

L'utilisation d'une desserte fait aussi partie d'une organisation fonctionnelle de l'environnement. Elle permet de tout apporter sur la table en une seule fois. Un plateau pivotant contenant tout ce qu'il faut pour le petit-déjeuner (confitures, sucre, assiettes, tasses, serviettes de table) évite aussi des pas inutiles et facilite le rangement.

En entrant dans la maison, chacun doit enlever son manteau ; des crochets placés à la bonne hauteur pour les enfants leur permettront de suspendre eux-mêmes leurs vêtements, dès leur arrivée. Des bacs en plastique de couleurs différentes attribués à chacun des enfants peuvent recevoir gants, bonnets et cache-nez, ce qui évitera la chasse matinale aux vêtements. L'utilisation de couleurs différentes pour chaque enfant est aussi utile pour identifier leurs brosses à dents et leurs serviettes de bain.

Rangement

Dans les armoires, placez ensemble, sur une même tablette, tout ce qui est nécessaire pour une activité donnée : par exemple, pour préparer le café (café, filtres, tasses) ; pour faire de la pâtisserie (bols à mélanger, ingrédients secs, tasses à mesurer).

Pour le rangement dans les tiroirs, l'utilisation de bacs permet de diviser l'espace et de regrouper ce qui va ensemble. Dans un tiroir de la chambre, ces bacs peuvent recevoir les culottes roulées, les chaussettes; dans la cuisine, ce sera les produits de nettoyage, les chiffons. D'un seul coup d'œil, vous trouvez ce que vous cherchez et le rangement sera facile à maintenir.

Utiliser les bouteilles transparentes qui contenaient vos médicaments pour ranger les épingles droites, les épingles à ressort, les trombones, les clous, les vis : cela vous permettra de les trouver aisément.

Pour utiliser les cintres de métal sans risque pour vos vêtements, recouvrez-les d'un tube isolant (qui sert aux travaux de plomberie) : vous éviterez ainsi de faire des marques dans vos vêtements. Vous pourrez aussi y suspendre vos nappes fraîchement repassées.

Pour faciliter le rangement des cravates ou des ceintures, fixez à un cintre de bois des crochets qui permettront de les déposer. Il sera facile d'avoir accès à la cravate ou à la ceinture que vous voulez sans devoir enlever toutes les autres.

Dans les placards ou les armoires, placez ce que vous utilisez le plus souvent sur les tablettes situées à la hauteur comprise entre vos hanches et vos épaules. Quant aux objets lourds, comme une casserole en fonte ou un contenant de quatre kilos de détergent à lessive, ils devraient être au niveau de vos hanches. S'ils sont plus hauts ou plus bas, vous risquez de vous faire mal au dos et de vous fatiguer inutilement. Les étagères les plus hautes peuvent recevoir les objets utilisés moins fréquemment ou servir à entreposer, par exemple, les déclarations de revenus des années précédentes ou les souvenirs des enfants.

Ces souvenirs prennent souvent beaucoup d'espace. Vous pouvez identifier une boîte pour chacun des enfants afin d'y conserver un ou deux vêtements, un ou deux jouets du temps où ils étaient bébés, leur bracelet de naissance reçu à l'hôpital, leurs premiers bricolages. Concernant précisément les dessins et bricolages des enfants, vous pouvez aussi les photographier et constituer un album photo, ce qui réduit l'espace requis pour les conserver.

Pour un rangement efficace, il faut assigner une place à chaque chose et s'y tenir. La maxime de nos mères « Une place pour chaque chose et chaque chose à sa place » est toujours d'actualité. Les objets recherchés sont alors facilement et rapidement accessibles.

Quant aux jouets des enfants, on choisit souvent des coffres pour les ranger ; mais les jouets s'y retrouvent pêle-mêle et l'enfant a de la difficulté à trouver les pièces qui vont avec un jouet. À la fin du jeu, le petit est davantage porté à les laisser tomber dans le coffre, risquant alors de briser ses jouets. Question de sécurité, si l'enfant dispose d'un coffre à jouets, il faut s'assurer qu'il y a une ouverture d'aération, au cas où il s'y faufilerait ; pour les mêmes raisons, le couvercle doit être léger et facile à soulever de l'intérieur.

Une solution intéressante pour régler le problème du coffre consiste à fixer des étagères au mur. L'enfant voit alors d'emblée l'ensemble de ses jouets et trouve facilement celui qu'il veut ; il peut aisément s'en saisir et le remettre à sa place tout seul. Les étagères doivent toutefois être à la bonne hauteur. Pour déterminer la hauteur appropriée, on considère que l'enfant doit être capable, en élevant le bras, de poser sa main à plat sur la tablette la plus haute ; alors, il peut voir ce qu'il y a sur toutes les étagères et rejoindre chacun de ses jouets. Par contre, on a avantage à laisser sur le plancher les jouets plus lourds, comme un gros camion ou un panier de blocs.

Même si, au quotidien, les étagères s'avèrent plus utiles pour voir et ranger les objets, on peut tout de même utiliser un coffre pour faire le roulement des jouets. On y place des jouets pendant un certain temps et on en installe d'autres sur les étagères. Si les mêmes jouets demeurent de longs mois à la vue de l'enfant, il en arrive à ne plus les voir. Un coffre peut aussi faire office de boîte aux trésors pour l'enfant; il y conserve des souvenirs personnels qu'il prend plaisir à sortir occasionnellement. On peut aussi utiliser le coffre pour recevoir du matériel de jeu particulier: des peluches ou des blocs de construction.

Au travail

À votre lieu de travail aussi, il faut porter attention à l'organisation de votre environnement. Retrouvez-vous dans un même endroit (dans un tiroir, sur une tablette) tout ce dont vous avez besoin pour une tâche donnée? Votre poste de travail est-il adéquat? Si vous travaillez en position assise, votre chaise est-elle de la bonne hauteur? Pour le vérifier, mettez-vous debout devant votre chaise: le siège devrait être sous le niveau de votre rotule. Alors, en position assise, vos cuisses seront en parallèle avec le sol et vos pieds y reposeront bien à plat. Si ce n'est pas le cas, ajustez votre chaise en conséquence. Si elle est trop haute et qu'elle n'est pas ajustable, utilisez un repose-pied. La profondeur de votre chaise devrait vous permettre de passer votre main derrière le genou: sinon votre chaise est trop profonde.

Pour que les rayonnages au mur soient fonctionnels et tous utilisables, appliquez le principe mentionné préalablement pour les jouets de vos enfants: vous devez pouvoir mettre votre main à plat sur la tablette la plus haute. Sinon, ne l'utilisez que pour déposer des documents ou des objets dont vous vous servez rarement.

Vous travaillez à l'ordinateur[2]? Vos coudes sont-ils à la même hauteur que le support-clavier? Vos avant-bras sont-ils

2. *Aide-mémoire pour bien régler et bien aménager un poste de travail informatisé,* préparé par la Direction de la santé publique de Montréal-Centre – Santé au travail.

soutenus par les accoudoirs de votre chaise ? Votre dos, particulièrement le bas du dos, est-il droit et bien appuyé ? Le haut de
votre écran est-il à la hauteur de vos yeux ? Si vous répondez
oui à toutes ces questions, alors votre poste de travail est bien
conçu. Prenez l'habitude d'interrompre le travail à l'ordinateur
de 5 à 15 minutes toutes les heures. À l'occasion, détournez les
yeux de l'écran, regardez au loin, étirez régulièrement vos muscles : ce sont là des trucs qui vous permettront de diminuer la
fatigue associée à ce type de travail.

Planifier vos activités, en faciliter l'exécution, organiser
votre environnement de façon fonctionnelle, voilà autant
de moyens efficaces pour réduire votre dépense d'énergie
et, par conséquent, pour diminuer votre fatigue.

CHAPITRE 4

MIEUX VIVRE AVEC LE STRESS

▼

La vie est toujours en devenir,
mais il ne faut jamais oublier de la vivre au présent.
Jacques Salomé

Il y a deux types de valeurs : celles qui ont un prix et celles –
les valeurs morales –
qui n'en ont pas, que l'on ne peut quantifier…
Il est fréquent que ce qui vaut la peine qu'on s'y intéresse,
ce qui importe aux hommes, ait de la valeur et pas de prix.
Alex Kahn

Regretter ce que l'on n'a pas,
c'est gâcher ce que l'on a.
Ken Keyes

« L'homme ne doit pas essayer de se soustraire au stress, pas plus qu'il ne renoncerait à la nourriture, à l'amour ou à l'effort », disait Hans Selye, le pionnier des études sur le stress. On doit plutôt apprendre à composer avec lui. Source de motivation évidente, le stress nous aide à agir et à relever des défis. Dans ce sens, il peut favoriser notre croissance personnelle et stimuler notre capacité de changement. Toutefois, au-delà d'un certain seuil, il risque d'avoir un effet paralysant et si on le laisse régir notre vie, il devient un grand grugeur d'énergie. De plus, lorsqu'on se sent surmené et stressé, cette sensation se transmet aux personnes de l'entourage: les enfants et le conjoint en subissent le contrecoup.

Qu'est-ce qui peut augmenter votre niveau de stress? Dans notre société occidentale, le manque de temps et le manque d'argent sont deux sources importantes de stress. Quand on est bousculé pour tout faire le plus rapidement possible, qu'on n'a pas le temps de réfléchir ni de penser à soi, on se sent dépossédé de sa vie et le stress risque de grimper de plusieurs échelons. Il en est de même quand l'argent manque pour combler les besoins essentiels. D'autres facteurs contribuent à élever le niveau de stress: des événements malheureux (perte d'emploi, décès, maladie), mais aussi des événements heureux (mariage, naissance, promotion); également des événements qui bousculent le quotidien et demandent une bonne dose d'adaptation (déménagement, changement d'emploi, maladie). Si vous éprouvez de vives inquiétudes relativement à vos enfants ou à votre emploi, si on vous adresse des demandes qui sont à la limite de vos capacités, si vous avez le sentiment de perdre la maîtrise de la situation et d'être à la remorque des événements, cela aussi concourt à hausser votre niveau de stress.

Lorsque vous vous sentez stressé, un premier truc fort simple consiste à évaluer la situation qui vous met dans cet état sur une échelle de un à dix (10 représentant un drame, comme la perte d'un être cher). Cette technique vous permettra de relativiser les désagréments mineurs et d'aborder les événements réellement stressants en étant moins tendu. Le retard lié à la circulation automobile pour le retour au domicile, la crainte de parler devant un groupe de personnes, les minutes (ou les heures) perdues dans une salle d'attente, tout cela mérite-t-il un huit ou un deux? En prenant du recul devant la situation, vous serez plus en mesure d'y réagir sereinement.

Vous ferez déjà un premier pas vers une plus heureuse cohabitation avec le stress si, à partir des suggestions présentées au chapitre 2, vous apportez des changements à votre quotidien pour récupérer du temps et rendre vos activités plus satisfaisantes et si vous prenez le contrôle de vos journées. Le fait d'apprendre à gérer vos forces et votre énergie en utilisant les techniques présentées dans le chapitre précédent aura aussi d'heureuses influences sur votre capacité à composer avec le stress.

Nous proposons ici d'autres moyens pour vous y aider. Le premier de ces moyens, lié à la consommation, s'inscrit dans une démarche globale pour mettre en place des conditions de vie moins stressantes ; les autres (utiliser l'humour, rire, vivre le moment présent) sont des stratégies de réactions à utiliser pour évacuer le stress au fur et à mesure. Souvent, on tente de décompresser à des moments fixes dans notre horaire : le soir, les fins de semaine. Ce qu'il faut apprendre pour mieux composer avec le stress, c'est plutôt de trouver des façons d'y faire face heure après heure, tout au long de la journée.

Moins consommer pour être moins stressé

Il ne vous vient peut-être pas spontanément à l'idée de faire un lien entre la consommation et le stress. Et pourtant! Bien sûr, il faut un minimum d'argent pour combler nos besoins primaires : manger, nous loger, nous habiller. Nous l'avons déjà dit, le manque d'argent est une grande source de stress. Pourtant, au-delà d'un certain niveau, avoir plus d'argent, posséder plus de biens peut également contribuer à élever le niveau de stress. Plus vous en avez les moyens, plus vous achetez. Plus vous possédez de biens, plus vous craignez de les perdre, de les briser, de vous les faire voler. Si vous avez une voiture luxueuse, vous vous inquiétez probablement lorsque vous la garez dans un stationnement public, craignant de la faire égratigner, ou vous êtes tendu quand vous voyez votre enfant passer un peu trop près avec son vélo. De nouvelles inquiétudes s'ajoutent à votre quotidien. Par ailleurs, certains achats entraînent un travail supplémentaire et souvent d'autres achats ou dépenses connexes : ainsi, l'achat d'une piscine demande un entretien quotidien et requiert des outils et des produits pour le nettoyage, et tout cela entraîne une dépense supplémentaire d'électricité. En consommant davantage, vous devez aussi travailler davantage pour assurer les paiements ou il faut vous endetter, ce qui est un autre facteur de stress. Vivre avec moins réduit les sources d'inquiétudes reliées à ses biens et diminue l'énergie requise pour leur entretien et leur rangement.

Pour être plus serein dans la vie, avez-vous besoin de davantage de biens ? Une deuxième auto, un chalet, de nouveaux meubles, plus de vêtements, des électroménagers sophistiqués ? Ou du temps pour profiter de ce que vous avez déjà ? Faut-il *avoir plus* pour *être mieux* ? La société mesure la valeur des individus en fonction de leurs avoirs. Pas étonnant alors que nombreuses sont les personnes qui associent leur identité, l'image qu'elles ont d'elles-mêmes à ce qu'elles possèdent.

On pourrait discuter longuement de la contradiction entre le vide affectif et l'abondance[1] : on veut plus de biens, en pensant que cela nous rendra plus heureux, mais souvent on n'a plus le temps d'en profiter et encore moins de se concentrer sur les choses essentielles. Selon une étude menée par Léger Marketing au printemps 2005, 54 % des Canadiens disent être très heureux

---

1. MAKER, A. (2000). *Serious Shopping: Essays in Psychotherapy and Consumerism.* London: Free Association Books.

et 42 %, plutôt heureux. Les éléments qui contribuent à ce sentiment sont, dans l'ordre, une famille unie (61 %), une bonne santé (43 %), les enfants (37 %), l'amour (27 %) et les amis (24 %). La possession de biens matériels ne figure pas dans cette liste du bonheur ; ce qui concourt à rendre les gens heureux, c'est davantage leur entourage, les gens avec lesquels ils vivent et la possibilité d'en profiter grâce à une bonne santé.

Distinguer entre besoins et désirs

Quand on pense consommation, il faut faire la différence entre désirs et besoins. Les besoins réfèrent à ce qui est nécessaire pour vivre et s'épanouir : dormir, manger, se loger, se sentir en sécurité, à l'abri des dangers. Quant aux désirs, ce sont plutôt des envies.

Quand vous voulez perdre du poids, il vous faut faire la distinction entre avoir faim (le besoin de s'alimenter doit être satisfait) et avoir envie de manger. Ce genre de distinction vaut également dans les autres sphères de la vie. Il est nécessaire de satisfaire vos besoins, mais confondre vos désirs avec vos véritables besoins peut aisément vous entraîner sur la pente dangereuse de la surconsommation qui, elle, peut mener à l'endettement. Dans ses *Confessions*, Saint-Augustin disait : « Le bonheur, c'est continuer à désirer ce qu'on possède. » La sérénité n'est donc pas dans l'abondance, mais davantage dans la collection des petits bonheurs quotidiens.

Loin de moi l'idée de préconiser un retour à la vie d'autrefois et d'inviter à vivre à la dure, avec un minimum de biens. Se payer une petite gâterie de temps à autre peut apporter beaucoup de plaisir. Recevoir un objet dont on n'a pas vraiment besoin mais qu'on souhaite depuis longtemps est aussi très agréable et cela l'est d'autant plus qu'on n'a pas l'habitude de satisfaire toutes ses envies.

Ce qui est proposé ici, c'est plutôt de distinguer attentivement vos besoins et vos désirs, de viser une consommation responsable, de limiter l'achat de biens à ce qui contribue vraiment à votre mieux-être afin d'éviter de nouvelles sources de préoccupations et des tracas inutiles. Avant d'acheter tel objet ou tel bien, demandez-vous si vous en avez vraiment besoin ou simplement envie. Attendez quelques semaines avant de concrétiser ce désir. Vous aurez le temps de mieux en évaluer la nécessité ou non, l'importance ou non, et vous éviterez des achats compulsifs que vous pourriez percevoir comme inutiles quelques semaines plus tard.

Désencombrer votre environnement

Vous pouvez aussi faire le ménage des objets que vous possédez déjà : en distinguant ceux qui sont importants pour vous de ceux qui vous encombrent, il vous sera plus facile de ne retenir que l'essentiel.

N'y a-t-il pas un grand nombre d'objets dont vous n'avez pas ou plus besoin ou qui ne vous procurent plus de plaisir ? Pourquoi ne pas amorcer une opération de « désencombrement » en jetant, en donnant ou en vendant ces objets devenus inutiles pour vous ? Lorsque nous mettons de l'ordre autour de nous, nous en mettons également en nous. Vous avez sûrement remarqué que lorsque votre espace de travail est encombré, vous êtes plus fébrile et il vous est plus difficile de vous concentrer sur une tâche précise. Ranger ce qui n'est pas à sa place et jeter ce qui est inutile vous aidera à prioriser ce que vous avez à faire et à éviter de vous stresser avec tous ces dossiers en marche. « L'absence d'encombrement procure de la place pour penser et sans doute même pour comprendre. » (John Pawson)

Par ailleurs, un rangement efficace permet d'éliminer un stress additionnel. Quand un objet dont vous avez désespérément besoin ne se trouve pas à l'endroit prévu, vous craignez de l'avoir perdu et votre niveau de stress s'en trouve élevé. « L'ordre économise le temps et soulage la mémoire[2] ».

Plusieurs personnes, pour se défaire de vêtements devenus trop petits ou qu'elles n'ont pas portés depuis deux ans, en font l'échange entre copines (ce sont davantage les femmes qui font ce genre de choses). Elles se réunissent chez l'une ou l'autre : chacune apporte les vêtements à échanger et choisit parmi ceux que les autres apportent. C'est une méthode amusante pour acquérir sans frais de nouveaux vêtements et pour se défaire de ce qui ne convient plus.

Rappelez-vous que selon un précepte chinois :

L'argent...

> peut acheter une maison, mais pas un foyer ;
>
> peut acheter un lit, mais pas le sommeil ;
>
> peut acheter une horloge, mais pas le temps ;
>
> peut acheter un livre, mais pas la connaissance ;
>
> peut acheter une position, mais pas le respect ;
>
> peut payer le médecin, mais pas la santé ;
>
> peut acheter le sang, mais pas la vie ;
>
> peut acheter du sexe, mais pas de l'amour.

Une attitude positive : un atout de choix

« Ne prenez pas la vie trop au sérieux ; de toute façon, vous n'en sortirez pas vivant. » (Bernard Fontenelle) Une attitude positive envers la vie comprend l'humour, qui est un très bon réducteur de stress. Il est à parier qu'une personne qui rit pendant un spectacle d'humour n'est pas stressée, et même si un

---

2. LOREAU, D. (2005). *L'art de la simplicité*. Paris : Éditions Robert Laffont. p. 97.

spectateur y est venu avec un mal de dents ou un mal de tête, il est fort probable que celui-ci disparaîtra au cours de la soirée.

L'humour est le moyen le plus efficace de désamorcer une situation tendue, de chasser une humeur assassine et de tirer du plaisir de son quotidien.

S'il vous arrive de petits accidents ou des incidents, prenez-les avec humour. Pour votre amusement, sachez que[3] :

- mettre du sel à la place du sucre, ou vice-versa, en cuisinant annonce une bonne nouvelle;

- un œuf brisé accidentellement annonce aussi de bonnes nouvelles sous peu;

- si vous faites brûler du poisson ou du poulet en cuisinant, cela signifie que vous serez prochainement l'objet de potins;

- si un enfant échappe un couteau à table, cela annonce la visite d'un homme;

- si une cuillère tombe d'une tasse, c'est qu'une surprise vous attend;

- si deux trous ou deux échelles apparaissent simultanément dans un bas, on peut s'attendre à une surprise au cours de la semaine.

N'est-ce pas plus agréable de voir les événements contrariants avec autant de fantaisie plutôt que de s'en faire des problèmes?

Au cours d'une recherche[4], on s'est intéressé à la question de l'attitude ludique à l'âge adulte en tentant d'une part de la définir et d'autre part d'en déterminer l'utilité. Les résultats de cette étude nous apprennent que les éléments qui caractérisent l'attitude de jeu chez l'adulte sont très similaires à ceux que l'on

---

3. ÉRICSON, J.S. (1999). *Superstitions, coutumes et croyances*. Outremont: Québécor.

4. GUITARD, P., FERLAND, F., DUTIL, E. (2005). «Toward a better understanding of playfulness in adults». OTJR: *Occupation, Participation and Health*, 25, 9-22.

observe chez l'enfant. En effet, l'adulte qui présente une attitude de jeu manifeste du plaisir, de la spontanéité, de la curiosité, un bon sens de l'humour et de la créativité. Le plaisir ressort toutefois comme un point central et il est alimenté par les autres éléments. Les adultes qui ont une telle attitude ne la manifestent pas que dans les loisirs, mais tout autant dans leur travail et dans leurs autres activités quotidiennes.

Cette étude a aussi permis de déterminer l'effet d'une telle attitude dans le quotidien. Il semble que les adultes qui présentent une attitude caractérisée par le plaisir et le sens de l'humour, qui sont spontanés, curieux, créatifs et qui prennent des initiatives, affichent une joie de vivre, un esprit ouvert et ne se prennent pas trop au sérieux. De plus, ces personnes ont plus de facilité à composer avec les difficultés. Devant une situation difficile, ils savent dégager des aspects positifs et trouver des solutions originales. Contrairement à ceux qui pratiquent l'*autosabotage* (« je n'y arriverai pas »), ces personnes s'adaptent plus facilement aux changements.

Avec une telle attitude comme toile de fond dans ses activités, il est évident que le quotidien est plus agréable et moins stressant pour la personne, mais aussi pour l'entourage ; il est relaxant de côtoyer des gens qui semblent avoir du plaisir dans la vie, qui sont curieux de tout, qui dédramatisent les problèmes et qui abordent les difficultés avec humour. Leur bonne humeur est communicative. C'est vrai pour nous, c'est aussi vrai pour nos enfants. Ceux-ci apprécient la bonne humeur et la joie de vivre chez leurs parents.

Une équipe où chacun travaille très fort dans le plaisir et la bonne humeur arrive au même résultat que si le travail était fait dans la morosité. Les gens sont même souvent plus créatifs parce que chacun se sent bien et personne n'a comme seule idée d'en finir au plus vite. Le plaisir leur permet de faire davantage, tout en ménageant leur énergie qui, quand il en est autrement, se trouve grugée par le stress. À l'inverse, nous avons tous vécu des moments où l'absence de sourire et de bonne humeur a ouvert la porte au stress. Un entretien avec un patron très sérieux, qui ne sourit jamais, est assurément plus stressant qu'avec un autre qui montre de la bonne humeur. Le fait de travailler avec une personne qui a tendance à faire un drame de la plus petite erreur fait accroître notre crainte d'en commettre.

Avoir une attitude positive a même des effets sur la santé. Une étude américaine menée à l'Université Carnegie Mellon de Pittsburgh nous apprend que le profil émotif négatif ou positif des personnes influence leur réaction aux virus du rhume. Placées en quarantaine pour observer les symptômes, 343 personnes ont été exposées à ce virus. Celles qui se décrivaient comme malheureuses ont présenté trois fois plus de risques d'attraper le virus du rhume. Chez les sujets enrhumés, ceux qui se décrivaient comme heureux décrivaient des symptômes moins marqués. D'autres études américaines [5] ont démontré depuis longtemps que les gens les plus en santé sont ceux qui aiment, cherchent et créent le plaisir autour d'eux.

Tentez donc d'adopter une attitude ludique devant la vie et de dégager les aspects positifs de toute situation. Voici un bel exemple d'esprit positif : cet homme complètement chauve qui se regarde dans le miroir et dit à son fils : « N'est-ce pas merveilleux ? » « Quoi donc ? », lui répond celui-ci. « De ne pas avoir un seul cheveu blanc à mon âge ! »

S'il n'est pas dans votre nature d'avoir une attitude positive, si vous êtes plutôt de ceux qui défendent leur tendance à être négatifs en prétendant qu'il s'agit d'une attitude réaliste, tenez pendant quelques semaines un journal de bord quotidien destiné à ne recevoir que des observations positives. Au cours de la journée, quel événement agréable avez-vous vécu ? Quelle

---

5. ORNSTEIN, R., SOBEL, D.(1989). *Healthy pleasures*. Reading: Addison-Wesley Publ.

personne avez-vous trouvée sympathique ? Quelle observation intéressante avez-vous faite sur vos enfants ? Quel sentiment positif avez-vous éprouvé et à quel moment ? Cet exercice vous permettra de cibler les aspects agréables de vos journées et de laisser en rade les aspects plus déplaisants.

La chimie du rire

Le rire, le propre de l'homme selon Aristote, est une capacité innée. On n'a pas à enseigner à un bébé à rire : il le fait spontanément. Comme le dit un proverbe irlandais, le rire et le sommeil sont les meilleurs remèdes du monde. Retrouvez l'habitude du rire. Certains thérapeutes recommandent à leurs patients stressés de rire 30 minutes par jour ! Confucius, dans sa grande sagesse, recommandait pour sa part de s'esclaffer 12 fois par jour. Plus près de nous, le docteur Patch Adams, célèbre médecin américain, a abondamment démontré les vertus du rire.

Le fait de rire augmente le volume d'air échangé dans les poumons : l'organisme est donc mieux oxygéné, ce qui favorise l'élimination des toxines, effet non négligeable pour des personnes fatiguées. Rire stimule la fabrication d'endorphines dans le corps, ces hormones qui agissent contre la douleur, l'anxiété et la dépression : il s'agit en quelque sorte d'une morphine naturelle qui diminue les effets du stress et renforce le système immunitaire. Le rire agit comme un antidote au stress, réduisant les aspects négatifs qui vous perturbent et accentuent votre sentiment de souffrance. Du rire, on peut attendre un certain bien-être : l'amélioration des problèmes de constipation, de digestion, de sommeil, de palpitation et d'hypertension.

Comme le dit le neurologue français Rubenstein qui étudie le rire depuis plus de 20 ans, le fait de rire est une façon de mettre en route le médecin qui est en nous. Selon lui, une minute de rire équivaut à 45 minutes de relaxation. Il va même jusqu'à y voir un authentique facteur de longévité! Seul effet secondaire du rire? Il est contagieux! Quelle belle épidémie à propager!

Outre le rire[6], il y a le sourire qui manifeste la joie devant un événement heureux, une remarque agréable, la vue ou la pensée d'une personne aimée. Il a lui aussi des effets positifs. Pour vous en convaincre, je vous propose un exercice très simple. Un matin que vous ne vous sentirez pas particulièrement de bonne humeur, souriez aux autres, à votre conjoint, à vos enfants. Au début, vous devrez penser à sourire parce que vous ne verrez pas vraiment de raison de le faire. Qu'arrivera-t-il? Les autres vous souriront à leur tour, car le sourire, tout comme le rire, est communicatif. Bientôt, vous vous apercevrez que vous souriez sans effort et que vous êtes même plutôt de bonne humeur. Faites fréquemment cet exercice et non seulement vous vous sentirez mieux, mais bientôt les autres vous regarderont comme une personne qui semble toujours de bonne humeur.

Faites en sorte qu'il y ait du rire dans vos journées, que le plaisir et l'humour vous accompagnent dans votre vie. Le stress déteste les gens souriants et qui s'amusent dans leur quotidien. Et rappelez-vous qu'«un sourire coûte moins cher que l'électricité, mais donne autant de lumière.» (L'abbé Pierre)

Les vertus du moment présent

Désirez-vous fréquemment être ailleurs que là où vous êtes? Être à la maison quand vous êtes au travail? Être au travail quand vous êtes à la maison? Être en vacances quand vous venez à peine de les terminer? Pensez-vous fréquemment à toutes les choses que vous aurez à faire dans une heure, demain, la semaine prochaine? À ce qui pourrait arriver au cours du

---

6. Pour découvrir l'extrême diversité des rires, le lecteur peut se référer à Minois, G. (2000). *Histoire du rire et de la dérision*. Paris: Éditions Fayard.

mois ou de l'année qui vient ? Si oui, vous avez peut-être du mal à vivre pleinement le moment présent.

S'entraîner à profiter de ce qui se passe maintenant et éviter de vous préoccuper constamment de ce qui vous attend ou de ce qui pourrait arriver est une sage attitude à développer pour réduire le stress.

On peut avancer qu'il y a deux types de problèmes pour lesquels il ne faut jamais s'en faire : 1) ceux que vous pouvez régler : il s'agit alors de passer à l'action et de résoudre le problème ; 2) ceux qui ne relèvent pas de vous : « s'il fallait que mon mari, qui est en retard, ait eu un accident », « si la compagnie aérienne perdait nos bagages », « si mes enfants ne voulaient pas poursuivre leurs études », « s'il fallait que le métro s'arrête entre deux rames ». Comme ces soucis ne relèvent pas de vous, il est inutile d'y penser constamment, de vous stresser à l'avance avec ces problèmes qui ne vous appartiennent même pas. D'ailleurs, 90 % des choses pour lesquelles on se fait du souci n'arrivent jamais. Morale : ne devenez pas l'esclave de vos pensées négatives, elles ne le méritent pas.

Quand vous êtes en voiture ou en métro, en revenant du travail, prenez conscience de l'objet de vos pensées. Pensez-vous aux difficultés de votre journée ? Nourrissez-vous de la rancœur envers tel collègue pour ses propos malveillants ? Êtes-vous préoccupé de ce qui vous attend à la maison ? Si oui, recentrez-vous tout de suite sur le moment présent.

Ruminer des pensées sombres, faire un drame de tout, nourrir des rancunes ou être constamment de mauvaise humeur, tout cela requiert beaucoup d'énergie et peut nuire à votre santé psychologique (ajoutant une charge psychique à tout ce que vous faites), et même à votre santé physique : une telle attitude peut provoquer de l'insomnie, des difficultés à digérer, des maux de tête. Chassez de votre esprit les pensées négatives, ces pensées qui s'immiscent à votre insu dans votre esprit et qui sont source de stress. La qualité du moment présent dépend en grande partie de votre capacité à en tirer le meilleur parti.

Plutôt que d'effectuer comme un automate vos déplacements en métro ou en voiture, observez ce qui se passe autour de vous. Si vous étiez en voyage en pays étranger, vous seriez curieux de regarder les gens dans le métro ou le lieu que vous traversez en voiture. Essayez de conserver ce regard curieux de touriste, même si tout vous est familier : vous ferez certainement de belles découvertes et votre esprit ne s'encombrera pas de sombres pensées.

Quand vous devez arroser votre potager, appréciez pleinement la nature qui vous entoure. Quand vous préparez un repas, prenez conscience de l'arôme des aliments et de leur couleur.

Si vous laissez des préoccupations et des inquiétudes vous envahir, vous serez moins efficace. Ne vous arrive-t-il pas fréquemment d'entrer dans une pièce et de vous demander ce que vous veniez y faire ? Votre esprit était alors occupé par autre chose et n'était pas concentré sur la tâche à accomplir. C'est également quand vous êtes distrait que vous faites des choses bizarres, comme de mettre le sel dans le réfrigérateur ou de l'utiliser à la place du sucre, ou encore que vous oubliez de passer à la banque sur le chemin du retour ou de sortir à la bonne station de métro.

Dans toutes les circonstances du quotidien, prenez l'habitude de vivre le moment présent à 100 %. Soyez l'observateur vigilant de vos pensées. L'incapacité de s'arrêter de penser à ce qui nous attend, à ce qui est arrivé, à ce qui pourrait arriver est une épouvantable affliction dont vous devez vous guérir maintenant. Concentrez toute votre énergie sur l'activité en cours et visez à en retirer le maximum.

Vous êtes dans la salle d'attente de votre médecin (là où le terme *patient* prend tout son sens). Vous pouvez décider de vous morfondre à cause du retard que l'attente provoquera sur vos activités de la journée ou vous pouvez décider de lire un article de magazine et même le magazine au complet, puisque vous en avez le temps. Vous pouvez rêver tout éveillé en imaginant le scénario d'un film ou d'une histoire qui plairait à vos enfants, vous pouvez observer les autres personnes présentes et imaginer ce qu'elles font dans la vie. Vous pouvez décider de subir le désagrément ou, au contraire, d'en faire un moment amusant. Vous avez le choix.

Si vous vous éveillez quelques minutes avant la sonnerie du réveille-matin, vous pouvez penser à toutes les tâches qui vous attendent au cours de la journée et commencer déjà à stresser ou alors vous pouvez porter votre attention sur la douceur de votre couverture, sur le calme qui règne dans la maison, sur la quiétude de votre conjoint qui dort encore. De la sorte, vous commencez une nouvelle page blanche de votre vie avec sérénité.

Vous avez, tout près de vous, des professeurs hors pair pour vous enseigner à vivre le moment présent : vos enfants. « Les enfants n'ont ni passé ni avenir et, ce qui ne nous arrive guère, ils jouissent du moment présent[7] ». Regardez-les jouer, observez leur capacité à s'émerveiller de tout, à se concentrer sur ce qui se passe maintenant et suivez leur exemple. Pour eux, seul le moment présent compte et sa découverte monopolise toute leur attention. Ils peuvent être pour vous d'extraordinaires thérapeutes antistress si vous partagez leurs jeux.

En étant constamment projetés dans l'avenir, dans l'attente de quelqu'un d'autre ou de quelque chose de mieux, vous ne vivez pas vraiment et les années passent. Le compte à rebours est commencé et vous ne savourez toujours pas la vie précieuse qui, chaque seconde, vous est offerte.

---

7. Jean de La Bruyère, Extrait de *Caractères*.

Vivre pleinement le moment présent n'exclut pas les projets, que ce soit un voyage, une fête ou l'achat d'une maison. Toutefois, les projets ne doivent pas faire en sorte que toutes vos journées soient tournées vers l'avenir, que votre présent se réduise à un simple tremplin pour le futur. Avoir des projets, c'est motivant, mais cela ne doit pas vous empêcher de profiter pleinement du temps qui passe. Plutôt que de constamment tourner votre esprit vers tout ce que vous voulez réaliser au cours de votre vie et d'en ressentir l'urgence, centrez-vous sur ce que vous voulez faire maintenant. La vie, c'est un jour à la fois et elle mérite d'être savourée minute par minute.

Vous êtes la seule personne qui peut contrôler votre vie et... vos pensées. À vous d'agir et rappelez-vous ce proverbe arabe :

Ce qui est passé a fui ;
ce que tu espères est absent ;
mais le présent est à toi.

Si vous composez mieux avec le stress, non seulement serez-vous plus serein mais la vie dans votre famille sera aussi plus détendue et plus agréable.

« Quand... »

Quand je serai grand, je m'achèterai plein de bonbons : ce sera drôlement agréable.

Quand j'aurai fini mes études, je pourrai me louer un appartement : alors, je serai heureux.

Quand je serai en amour, ce sera le bonheur.

Quand je serai en vacances, je me reposerai : ce sera le paradis.

Quand les enfants seront grands, …

Quand j'aurai de l'argent, …

Quand j'aurai une maison, …

Quand je serai à la retraite, …

Quand je serai mort, …. il sera trop tard.

Il n'y a pas de meilleur moment pour être heureux que maintenant !

Chapitre 5
Vivre avec des enfants en restant zen

▼

Être parent est [...] notre seule façon d'être immortel.
P.J. Jame

Les enfants sont les symptômes des parents.
Françoise Dolto

Si vous voulez rendre vos enfants heureux,
donnez-leur l'occasion d'entendre
tout le bien que vous en dites à autrui.
Haim Ginott

Le quotidien partagé avec des enfants suscite une variété de sentiments chez les parents : du bonheur, de la fierté, de la tendresse, mais aussi de l'impatience, de la frustration et parfois de la colère. Au fil des jours, vous vivez avec eux des moments ensoleillés mais aussi des moments sombres.

Ces petits êtres ne comprennent pas toujours vos motivations et votre logique d'adulte. « Si mes mains ont l'air propres, elles le sont sûrement, pourquoi toujours les laver ? Pourquoi est-ce si important de mettre de la crème solaire quand on sort à l'extérieur par une journée ensoleillée ? Pourquoi ne peut-on pas crier à tue-tête dehors? Qui cela dérange-t-il si je mets tel pantalon (ou telle jupe) au lieu de tel autre (à part maman)? Pourquoi ne peut-on pas sauter dans les flaques d'eau? Même si je n'ai plus faim pour mes brocolis, je peux avoir encore faim pour le dessert: pourquoi maman ne comprend-elle pas ça?»

Choisir ses batailles

Il est essentiel de choisir ses batailles et de tenir son bout pour des choses qui en valent vraiment la peine, sinon le quotidien risque de devenir une lutte constante avec les enfants. Par ailleurs, quand on réprimande un enfant à propos de tout, c'est un peu comme si on le rejetait: on lui dit qu'il a tout faux. Non seulement cela gruge-t-il une quantité importante de notre énergie, mais cela mine également sa confiance en soi. Si les parents répètent à l'enfant qu'il n'écoute jamais, qu'il est pénible, c'est cette image qu'il aura de lui. Comment ne pas croire qu'il est un enfant difficile quand ses parents, les personnes qui comptent le plus pour lui, le lui répètent tous les jours?

Pour choisir ses batailles, il faut se demander quelles sont les choses importantes auxquelles tenir sans compromis. Dans la majorité des cas, on répondra «ce qui concerne la santé, la sécurité des enfants, les valeurs importantes que l'on veut leur transmettre, notre propre santé et le bien-être de la famille». Si le comportement de l'enfant ne met en cause ni l'un ni l'autre de ces aspects, alors il ne mérite pas que l'on y réagisse avec fracas.

Les accidents

Parmi les comportements de vos enfants qui vous font réagir, il y a d'abord les accidents. Votre fils renverse un verre de jus sur la table ou sur le plancher. Cela est évidemment désagréable, d'autant plus que de tels incidents surviennent souvent quand il y a des invités ou que vous êtes particulièrement pressé. Toutefois, un accident étant par définition involontaire, il ne mérite pas de sanction. Bien sûr, l'enfant aurait pu porter davantage attention à ce qu'il faisait. Cependant, ne nous arrive-t-il pas, à tous, de tels accidents ? Quand un invité renverse du vin ou casse une coupe par mégarde, quelle est votre réaction ? Pourquoi serait-elle différente quand il s'agit de votre enfant ?

Un accident ne requiert pas de réprimande, mais il faut réparer les dégâts ; l'enfant doit essuyer le plancher, ramasser la plante qu'il a fait tomber, aller porter dans le panier le vêtement qu'il a sali en renversant de la peinture. Toutefois, cela ne doit pas être présenté comme une punition, mais bien comme la conséquence logique à la situation.

Les comportements tolérables

Il y a aussi les comportements qui ne correspondent pas à ce que vous souhaitez, mais qui peuvent être tolérés puisqu'ils ne menacent ni la sécurité ni la santé de l'enfant. Est-ce si important si celui-ci insiste pour porter tel t-shirt plutôt que tel autre ? Ses vêtements seront peut-être moins bien agencés cette journée-là, mais il sera toujours temps de développer chez lui le sens de l'esthétisme.

Vous participez à une fête de famille et vos enfants manifestent un peu bruyamment leur plaisir à jouer avec les autres. Vous craignez que les invités croient que vous ne leur avez pas enseigné les bonnes manières en société. Regardez les autres enfants présents : une telle excitation est tout à fait normale dans une atmosphère de fête. Il n'y a pas lieu de les reprendre vertement devant toutes les personnes présentes s'ils poussent un cri de joie. Évitez également de les surveiller constamment, de peur qu'ils fassent des dégâts ou qu'ils provoquent des accidents. Faites-leur confiance et faites confiance à l'éducation que vous leur donnez. Sinon, vous serez stressé et vous transmettrez votre anxiété à vos enfants : ni vous ni eux ne profiteront pleinement de cette sortie, qui deviendra même une corvée.

Vous êtes au supermarché et, contrairement à son habitude, votre jeune enfant refuse de s'asseoir dans le chariot; il veut marcher à vos côtés. Ce serait plus commode pour vous s'il s'assoyait bien gentiment, mais est-ce là un comportement qui requiert une forte réaction de votre part? Vous faites une promenade avec votre enfant à la campagne et celui-ci veut grimper sur un tas de sable. Bien sûr, il risque de se salir, mais cela est-il si grave? En présence de vos amis, votre enfant refuse de répondre à leurs questions ou le fait par monosyllabes. Cela vous mortifie: vous êtes tellement fier de sa capacité à tenir une conversation.

Dans ces différents contextes, on sera porté à gronder l'enfant parce que son comportement nous crée un problème à *nous*: on a peur d'être jugé par les autres (à cause de ses vêtements non harmonisés, de ses cris, de son refus de parler). Dans les autres cas, son comportement nous cause problème sur un autre plan: à cause de ses agissements, on aura un vêtement de plus à laver ou il nous faudra un peu plus de temps pour faire l'épicerie. Enfin, il arrive aussi qu'on réagisse fortement et spontanément à certains comportements, simplement parce qu'on ne se demande pas si cet agissement mérite vraiment une réaction de notre part.

Alors, quand votre enfant a un comportement qui vient vous chercher intérieurement, demandez-vous avant tout si sa conduite mérite réellement que vous le grondiez. Si la réponse est non, respirez un bon coup et conservez votre bonne humeur.

Les comportements inacceptables

Enfin, l'enfant peut aussi avoir des agissements inacceptables. S'il fait une crise de colère, vous devez réagir en étant ferme, ce qui ne veut pas dire vous emporter, mais plutôt faire comprendre à l'enfant, de façon pacifique et sans équivoque, que vous n'acceptez pas un tel comportement. Un message clair, sans élever la voix, permet souvent de résoudre les conflits sans violence. Une telle réaction de votre part est rassurante pour l'enfant puisqu'il comprend alors que, s'il perd le contrôle, vous êtes là pour l'aider à se ressaisir. Pour y arriver, nul besoin de recourir à des punitions corporelles ou à la coercition.

Si vous réprimandez votre enfant, c'est pour lui apprendre à bien se comporter. S'il vous donne un coup de pied, s'il frappe sa sœur ou son frère, votre réaction doit lui montrer que vous ne tolérez pas ce genre de comportement. Il découvre ainsi le respect des autres. En conséquence de son comportement, vous pouvez l'inviter avec fermeté à aller réfléchir dans sa chambre.

À l'inverse, si vous réagissez sur le même mode que votre enfant quand il se fâche et hurle, et que vous élevez la voix et criez, votre message rate sa cible, car vous lui offrez alors un modèle de manque de sang-froid, alors que vous vouliez précisément lui apprendre à exprimer sa colère de façon acceptable. Dans ce contexte, l'adulte et l'enfant deviennent presque des adversaires. Une telle situation peut faire craindre à l'enfant que l'adulte ne l'aime plus, ce qui compromettrait sa sécurité affective. Ce passage à l'acte de votre part est «un aveu d'impuissance, impuissance à se faire comprendre, impuissance à comprendre l'autre[1]». Un rapport d'autorité parents-enfant peut très bien s'établir dans le respect et l'estime mutuels. Crier, faire des menaces à l'enfant s'il n'arrête pas tel comportement, s'emporter violemment, tout cela lui enseigne que la violence verbale est une méthode pour contraindre l'autre à se soumettre. Il ne faudrait donc pas s'étonner si l'enfant adopte un tel comportement avec ses amis. «Il est possible d'être ferme sans être agressif et point n'est besoin d'élever la voix quand on a raison», dit un proverbe chinois.

---

1. D'ANSEMBOURG, T. (2001). *Cessez d'être gentil, soyez vrai*. Montréal: Les Éditions de l'Homme. p. 223.

En lisant l'enquête sur les normes et pratiques parentales au Québec en 2004[2], il est rassurant de constater que les parents québécois semblent faire la distinction entre l'autorité nécessaire pour que l'enfant se développe bien et l'utilisation de la violence (physique ou psychologique) pour régler les conflits ; leur choix se porte majoritairement sur des méthodes non violentes de gestion de conflits.

Si vous êtes très fatigué quand survient un conflit avec un de vos enfants, laissez votre conjoint le régler calmement. Souvent, vous n'êtes pas dans le même état d'esprit l'un et l'autre, et c'est heureux. Selon le moment ou la journée, l'un est peut-être plus disponible émotionnellement pour prendre les choses en main parce qu'il est plus calme, moins stressé. Soutenez-vous de la sorte, pour faciliter votre rôle parental.

* * *

Pour chacune des situations dans lesquelles vous seriez spontanément portés à sévir ou à monter aux barricades, posez-vous la question : est-ce important ? Toutes les situations ne demandent pas une réaction de même intensité. Sinon, on dépense beaucoup d'énergie pour des situations qui ne le méritent pas ou alors qui ne méritent pas une réaction aussi marquée.

Lâcher du lest

Apprenez à lâcher du lest. Certains parents tentent de contrôler leurs enfants dans leurs moindres gestes. Ce n'est pas là la meilleure façon de les aider à devenir autonomes. Laissez-les faire leurs expériences. Les erreurs sont aussi source d'apprentissage.

---

2. La discipline des enfants au Québec. *Normes et pratiques des parents en 2004* www.stat.gouv.qc.ca/publications/sante/pdf2005/fasc_violence_enfant04.pdf

Éduquer un enfant, ce n'est pas viser à en faire une copie conforme de ce qu'on est, mais plutôt l'aider à être ce qu'il est, tout en lui inculquant des valeurs que l'on juge importantes. Pour développer sa personnalité, l'enfant a besoin d'une marge de manœuvre qu'il ne trouve pas si on lui demande constamment d'agir à notre façon. Faut-il obtenir de lui une obéissance aveugle, fondée sur la peur ou la honte? Ou plutôt l'amener à adhérer à des valeurs qui vous tiennent à cœur? De même, prendre soin d'une personne, ce n'est pas la prendre en charge: c'est l'aider à vivre ce qu'elle doit vivre, plutôt que d'essayer de le vivre à sa place.

Le fait de vouloir tout contrôler — entre autres ses enfants — demande beaucoup d'énergie et risque d'entraîner la réaction inverse de celle recherchée. Un contrôle excessif de notre part mine souvent les comportements appropriés que nous voulons inculquer aux enfants. Nous voulons que chacun fasse les choses à notre façon, mais au bout du compte, les enfants laissent souvent tomber parce qu'ils sentent qu'ils ne réussiront pas à nous satisfaire ou que chacune de leur tentative pour répondre à nos attentes est d'avance vouée à l'échec. De notre côté, nous leur en voulons puisque finalement nous devons tout prendre en charge.

Il faut accepter que les choses soient faites d'une manière différente de la nôtre. À titre d'exemple, vous demandez à votre enfant de faire son lit. Quand vous allez voir le résultat, pensez à féliciter l'enfant et appréciez ses résultats même si tout n'est pas parfait, même si le lit n'est pas fait à votre façon. Si vous passez chaque fois derrière lui pour refaire le lit, peut-être pensez-vous que c'est là une bonne façon de lui montrer comment faire. En fait, c'est plutôt un excellent moyen de lui faire savoir qu'il ne fait pas les choses correctement. Bientôt, il cessera tout effort, sachant que, quoiqu'il fasse, vous le reprendrez.

Lâcher du lest, ce n'est pas capituler, mais plutôt apprendre à accepter certaines imperfections, tout en appréciant l'effort fourni. C'est aussi le gage le plus sûr pour que l'enfant soit intéressé à continuer d'agir par lui-même. Pour persévérer dans ses efforts, il a davantage besoin d'encouragement, de félicitations que de constantes remarques négatives.

Vous pouvez et devez vivre en accord avec vos valeurs, mais cela ne signifie pas que vous devez être rigide dans vos convictions. Cela peut se faire en permettant aux autres de façonner l'environnement familial, en ayant envers eux des attentes réalistes et en adoptant une attitude décontractée à l'égard de leur participation aux activités de la maison.

Prenez le contrôle de votre vie, mais évitez de contrôler les autres. Si, dans la famille, le moindre geste des enfants est toujours sous la mainmise des parents, il est à prévoir que leur adolescence sera une période quelque peu mouvementée. Étant à l'âge de vouloir déclarer leur indépendance, ils le feront peut-être de façon assez fracassante, contestant la moindre demande parentale, discutant à n'en plus finir ou alors prenant à l'extérieur de la famille des libertés qui vous décourageront.

Bien que la perfection soit un idéal vers lequel tendre, ce n'est pas une réalité accessible au quotidien avec des enfants. D'ailleurs, quoi de plus ennuyeux que la perfection, non ?

Réagir au bon endroit et à la bonne personne

Ne transférez pas à vos enfants la frustration de votre travail, une discorde avec votre conjoint ou l'impatience d'avoir fait la file à la caisse de l'épicerie. Il est facile de mettre sur le dos d'un enfant les sentiments suscités par des causes qui lui sont totalement étrangères. Quand un de vos enfants vous tape sur les nerfs, demandez-vous si c'est réellement son comportement qui provoque une réaction si vive. Vous pouvez toujours trouver une bonne raison pour le reprendre, le gronder, lui dire qu'il ne sait pas faire les choses correctement. Mais mérite-t-il vraiment votre colère, votre impatience ? N'est-ce pas, parfois, une façon de vous défouler, de faire sortir la frustration qui vous habite et qui n'a aucun lien avec lui ?

Par exemple, vous conjoint avait promis de nettoyer la litière du chat avant de partir à un rendez-vous. À votre retour à la maison, vous vous rendez compte qu'il ne l'a pas fait. Vous lui en voulez de ne pas avoir tenu parole. Il y a fort à parier que vous trouverez alors vos enfants plus turbulents qu'à l'habitude. Peut-être même les punirez-vous : même si vous aviez convenu avec eux que vous iriez louer un film, vous leur direz peut-être : « Là, ce n'est plus possible ; j'ai la litière du chat à nettoyer ». Vous avez du ressentiment [3] envers votre conjoint et ce sont vos enfants qui en subissent le contrecoup. Ça, c'est réagir à la mauvaise personne, c'est déplacer ses sentiments sur des personnes qui n'ont rien à voir avec ce que vous vivez.

Vous êtes épuisé (vous avez eu une journée folle et il vous reste encore tant de choses à faire) et votre enfant de 3 ans vous demande avec insistance de jouer avec lui. Peut-être vous direz-vous spontanément : « Ah ! Ce qu'il est épuisant cet enfant ! », alors que sa demande est tout à fait normale : après une journée passée loin de vous, il veut vous voir, être avec vous. Par votre réflexion, ici encore, vous rejetez sur lui votre propre épuisement.

Quand nous réagissons à ce que fait ou dit un enfant alors que c'est autre chose qui nous irrite, il n'est pas humiliant de lui dire : « Excuse-moi, je suis fatigué » ou « Je suis préoccupé » ou « J'ai mal à la tête ». Quand on sent l'impatience ou la colère monter d'un cran, quelques respirations profondes aident à mettre les choses en perspective.

---

3. Sachez que le ressentiment accélère les battements cardiaques et fait augmenter la pression ; pardonner fait revenir les choses à la normale.

Respecter l'enfant

Cela peut sembler bizarre à certains de parler de respect pour les enfants et, pourtant, il nous arrive fréquemment de ne pas les respecter dans ce qu'ils sont, dans leurs capacités, dans leur personnalité, par exemple quand nous les comparons aux autres enfants ou aux frères et sœurs qui font mieux. De telles comparaisons ne sont d'aucune utilité si ce n'est de décourager les enfants ou de leur donner un sentiment d'infériorité.

Respecter l'enfant, c'est aussi avoir des attentes réalistes à son égard[4]. Un enfant de 2 ans ne comprend pas les longues explications qui relèvent de la logique, pas plus qu'il peut suivre plusieurs consignes à la fois. Un enfant de 3 ans a encore du mal à exprimer son désaccord ou sa frustration verbalement plutôt que physiquement. Un enfant de moins de 6 ans a du mal à rester assis longtemps sans bouger.

Quand l'enfant fait de *bons coups*, il ne faut pas se gêner pour les raconter à répétition. La règle ne vaut toutefois pas pour ses écarts de conduite. Une fois le problème réglé, il vaut mieux éviter de rappeler le comportement inacceptable qu'il a eu à telle occasion et encore moins le faire devant l'enfant. Le message qu'il en retirera ne sera pas «j'ai mal agi», puisqu'il le sait déjà par votre réaction à ce moment-là, mais plutôt «ma mère (mon père) ne retient que mes mauvais coups».

Respecter l'enfant, c'est aussi porter attention à ce qu'on lui dit et à la façon de le dire. C'est lui manifester au moins la même délicatesse et le même respect qu'à des étrangers. Notre société condamne la violence physique, mais la violence

---

4. Pour avoir des attentes réalistes en lien avec le développement de l'enfant, le lecteur est invité à lire: FERLAND, F. (2004) *Le développement de l'enfant au quotidien – du berceau à l'école primaire*. Montréal : Les Éditions de l'Hôpital Sainte-Justine.

verbale est tout aussi néfaste. Il est facile d'en abuser avec les enfants : « Tu me décourages ! », « Qu'est-ce que j'ai fait au bon Dieu pour avoir un tel enfant ? », « Tu me rends malade. »

Plutôt que de lui faire de telles remarques, il vaut mieux essayer de comprendre pourquoi l'enfant agit ainsi. Pour y parvenir, rien de mieux que de l'écouter, c'est-à-dire de se taire, pour lui laisser la parole. Écouter, ce n'est pas préparer, pendant qu'il parle, tous les arguments à lui servir, mais bien chercher à comprendre son point de vue. Écouter, c'est aussi avoir confiance que l'autre saura trouver des solutions.

Une communication efficace évite les « tu » et privilégie les « je ». Par un usage abusif du « tu », on rejette le problème sur l'autre. Tout est de sa faute. Très souvent, le « tu » dévalorise : « tu as vu l'allure que tu as ? » ; ce « tu » nie les sentiments de l'autre : « mais non, tu n'as pas peur du noir » ; il permet aussi de faire du chantage : « si tu continues comme ça… » ; ou de culpabiliser : « avec tout ce que je fais pour toi… ».

Au contraire, des phrases qui commencent par « je » nous incitent à une plus grande objectivité. Nous évitons ainsi de rejeter exclusivement le blâme sur l'autre et nous pouvons instaurer une communication de qualité. « Je me demande comment je pourrais t'aider : aurais-tu une idée ? », « Je sais que tu as peur du noir : que dirais-tu que je laisse la veilleuse allumée ? », « Je suis désolée que tu ne sois pas d'accord, mais je ne peux te laisser faire ça parce que j'ai peur que tu te blesses. »

Une véritable communication parents-enfant favorise une meilleure compréhension, dans le respect mutuel, et permet de trouver sereinement, à la satisfaction des deux parties, la solution à de nombreux problèmes. De la sorte, on s'assure, jour après jour, de jardiner la paix et l'harmonie dans notre famille [5.]

---

5. D'ANSEMBOURG, T. , *Op. cit*

Créer une atmosphère détendue dans votre foyer

La famille est l'endroit où les enfants doivent se sentir aimés et en sécurité. Ils doivent sentir que, malgré leurs mauvais coups occasionnels, ils peuvent toujours compter sur l'amour inconditionnel de leurs parents. Une famille devrait être un havre de paix pour les enfants et les parents, un lieu où chacun a hâte de revenir.

Demandez-vous ce que vous avez envie de vivre dans votre maison. Des moments agréables dans une atmosphère détendue? Il vous revient alors de créer une telle atmosphère par de petits gestes tout simples.

Avec un peu d'humour et d'imagination, il est facile de mettre du soleil dans sa maison, d'entraîner les enfants dans un monde fascinant, de les faire participer à la vie familiale et de leur faire vivre des expériences agréables; cela ne requiert pas plus de temps et devient facile si vous êtes détendu et disponible.

Des exemples? Pendant que vous préparez le repas, vous pouvez désigner l'un de vos enfants responsable de mettre les couverts et de choisir ce qui fera office de centre de table; peut-être mangerez-vous avec son ourson préféré ou sa belle auto rouge au milieu des plats? Il est fort possible que votre enfant ne remplisse pas sa fonction à votre satisfaction: les ustensiles ne seront peut-être pas du bon côté de l'assiette. Et alors? Avant de le reprendre, prenez soin de le féliciter chaleureusement de s'être acquitté de cette tâche et dites-lui à quel point cela vous aide. Un autre de vos enfants peut être chargé de déposer les crudités dans une assiette; ce sera peut-être l'occasion pour lui de mettre son imagination en marche: les bouquets de chou-fleur au centre, les bâtonnets de carottes disposés en éventail tout autour, et voilà le soleil à votre table!

Les enfants aiment aider quand ils n'en ressentent pas l'obligation. À vous d'utiliser votre humour pour leur présenter les tâches comme un jeu ou comme une surprise à faire au reste de la famille.

On pense que lorsque les enfants participent aux activités domestiques, c'est toujours plus long. Voyez le temps que vous passez à répondre à leurs questions, à régler leurs différends, à aller voir pourquoi l'un crie quand vous êtes occupé et vous verrez que ce temps est récupéré de façon très positive quand vous les faites participer à vos activités. À leur retour à la maison, vos enfants ont besoin de vous parler, d'être avec vous. L'occasion est belle de partager avec eux des tâches à leur mesure dans une atmosphère détendue et agréable.

Quand vos enfants demandent « qu'est-ce qu'on mange ? », vous pouvez leur répondre en utilisant votre sens de l'humour et donner aux plats un nom rigolo. Les pommes de terre en purée peuvent devenir des *pommes de terre en neige*, les brocolis, *des arbres pour lilliputiens*, les carottes, *le délice de Jeannot Lapin*, le spaghetti, *une montagne de lacets*. Amusez-vous à trouver des appellations inédites pour vos plats et vous verrez fleurir la bonne humeur et les sourires autour de votre table. Ne croyez surtout pas que cela demande beaucoup de temps ; il s'agit simplement d'user d'un peu d'imagination[6].

La présentation de plats permet aussi beaucoup d'imagination : une banane fendue sur le long devient une magnifique fleur dont les pétales sont des quartiers de pomme et voilà un dessert attirant ; des saucisses peuvent faire office de boucle à ce clown improvisé dont le visage est fait de concombres (yeux),

---

6. Pour d'autres suggestions applicables dans toutes les routines de l'enfant tout autant que dans les activités quotidiennes, le lecteur est invité à lire « Le jeu au service des parents » in FERLAND, F. (2005). *Et si on jouait ? Le jeu durant l'enfance et pour la vie*, 2e éd.. Montréal : Les Éditions de l'Hôpital Sainte-Justine.

d'un quartier de tomates (lèvres) et de brocolis (cheveux). N'est-ce pas plus amusant pour les enfants d'être invités à venir manger les cheveux d'un clown que de simples brocolis ?

Pendant les repas, vous pouvez instaurer l' «habitude des moments». Chacun (y compris vous-même) raconte à tour de rôle son meilleur et son pire moment de la journée. C'est l'occasion de partager en famille ce qui a été vécu par tous à l'extérieur pendant le jour, de rire des moments surprenants ou inédits, d'être heureux des bonnes choses qui sont arrivées et de compatir aux moments plus difficiles de chacun. Dès l'âge de 4 ou 5 ans, les enfants prennent plaisir à de tels échanges, qui ont presque l'allure d'un jeu, et ils vous les réclameront : « Eh ! On n'a pas raconté nos *moments*… »

Briser la routine peut aussi faire des miracles dans la famille et créer une atmosphère agréable. Pourquoi ne pas convier la famille à un pique-nique dans le salon sur une couverture ? Nul doute que chacun prendra plaisir à sa préparation. Recréer de la sorte une atmosphère de vacances, surtout en pleine semaine, apporte à tous une note de liberté et de joie.

Sur un petit tableau d'affichage, dans la cuisine, faites chaque jour un dessin amusant pour les vôtres ou inscrivez un message à leur intention. Chaque membre de la famille peut aussi être invité à prendre la relève à tour de rôle.

Quand surviennent de petits inconvénients, évitez d'en faire un drame en vous projetant dans le futur. L'enfant a du mal à s'endormir et vous pensez, « il sera fatigué et irritable demain. » L'enfant ne mange pas beaucoup au souper ? Déjà, vous vous inquiétez : « Il est sûrement malade ; c'est sûr qu'il voudra grignoter dans une heure ; ça y est, il commence à prendre de mauvaises habitudes alimentaires. »

Prenez les choses plus sereinement et dites-lui plutôt : « Ça arrive à tout le monde d'avoir moins faim à un repas ; tu mangeras plus demain.» «S'il couve une grippe, je le saurai bien assez tôt.» Pourquoi gâcher le moment présent ou le rendre franchement désagréable avec les préoccupations du lendemain? Une musique douce ou une chanson dans les bras de maman ou de papa aidera mieux l'enfant à se laisser gagner par le sommeil que des réprimandes.

Permettez-vous du plaisir avec vos enfants. Ce n'est pas parce que vous représentez l'autorité qu'il vous faut constamment être sérieux. Jouez avec eux, prenez plaisir à les surprendre par votre sens de l'humour, soyez pour eux un modèle de personne qui aime rire, qui aime la vie. En plus de favoriser une atmosphère détendue dans la famille, vous amenez vos enfants à cultiver des pensées positives, vous leur apprenez l'optimisme, l'antidote de la dépression.

Une étude a tenté d'identifier, auprès de mères d'enfants âgés de 6 à 36 mois, les facteurs favorisant leur plaisir dans les activités quotidiennes avec leur enfant[7]. L'analyse des données recueillies montre que l'enfant lui-même contribue au plaisir de la mère quand il est en bonne santé, curieux, capable d'exprimer ses besoins, qu'il démontre de nouvelles habiletés, qu'il manifeste du plaisir et un attachement à sa mère et qu'il coopère avec elle. Certaines caractéristiques de la mère aussi font partie de son plaisir: un bon état de santé, l'absence de préoccupations majeures, son habileté à percevoir et à s'adapter tant aux besoins qu'aux émotions de l'enfant. Enfin, une autre catégorie de facteurs réfère au réseau social de la mère.

---

7. SIMARD, M.-N. (2003). *La perception maternelle des facteurs influençant l'émergence du plaisir maternel dans l'interaction mère-enfant.* Mémoire de maîtrise, Sciences biomédicales (réadaptation), Faculté des études supérieures, Université de Montréal.

Votre réseau social

Selon cette étude, un réseau social efficace aide la mère à ressentir davantage de plaisir au quotidien avec son enfant. Éduquer des enfants soulève fréquemment des interrogations, des doutes, parfois des remises en question. «Est-ce normal que mon enfant…?», «Est-ce que je fais la bonne chose?» En ayant autour de vous des personnes qui vivent des situations similaires et avec qui vous partagez vos inquiétudes, vos craintes et vos questionnements, vous pouvez relativiser vos problèmes, évacuer la vapeur, dédramatiser bien des situations.

Outre ce soutien psychologique, le réseau social peut aussi apporter une aide pratique: à l'occasion, les membres de votre entourage peuvent garder les enfants, se rendre disponibles pour une urgence, répondre à des questions précises… Avoir un réseau social efficace est utile pour tous les parents et encore plus pour un parent qui vit seul avec ses enfants.

Prenez quelques instants pour dresser une liste des personnes sur qui vous pouvez compter en différentes occasions et pour différents besoins (voir le tableau 1 à la page suivante): cet exercice vous permettra de voir quelle est l'étendue de votre réseau social, le type d'aide qui vous manque et peut-être d'identifier des personnes auxquelles vous pourriez faire appel.

Tableau 1 :
L'identification de mon réseau social

Besoins	Personnes sur qui je peux compter
Parler ouvertement de ce que je vis dans toutes les sphères de ma vie.	
Discuter des problèmes que je rencontre avec mes enfants.	
Garder mes enfants à l'occasion.	
Au besoin, aller chercher mes enfants à l'école.	
Garder les enfants pour me permettre de prendre une fin de semaine avec mon conjoint.	
M'accompagner dans une sortie, dans une activité.	
Qui puis-je appeler à n'importe quelle heure du jour ou de la nuit, en cas d'urgence ?	
Autres :	

À titre d'exemple, voyons le réseau social de la mère de Maxime, 7 ans, et de Sophie, 3 ans.

TABLEAU 2:
LE RÉSEAU SOCIAL DE LA MÈRE DE MAXIME ET DE SOPHIE

Besoins	Personnes sur qui je peux compter
Parler ouvertement de ce que je vis dans toutes les sphères de ma vie.	Mon mari et mon amie Lucie ; au travail, ma collègue Simone.
Discuter des problèmes que je rencontre avec Maxime et Sophie.	Leur médecin quand mes questions sont courtes ; l'éducatrice du service de garde de Sophie et le professeur de Maxime à l'école ; mes amies, Ginette et Annie, qui ont des enfants du même âge, et ma sœur, Solange, dont les enfants sont un peu plus vieux que les miens.
Garder mes enfants à l'occasion.	Ma mère, le jour et le soir, mon frère Louis ou Roxane, la fille de ma voisine Nicole.
Au besoin, aller chercher mes enfants à l'école.	Ma voisine Nicole.
Garder les enfants pour me permettre de prendre une fin de semaine avec mon conjoint.	Nos amis, Ginette et Paul : deux fois par année, ils gardent nos enfants et nous faisons de même pour les leurs ; mes parents.
M'accompagner dans une sortie, dans une activité.	Mon mari, si on a une gardienne ; sinon, Lucie.
Qui puis-je appeler à n'importe quelle heure du jour ou de la nuit, en cas d'urgence ?	Ma mère ou Lucie.
Autres : discuter de tout et de rien, prendre un café, m'évader quelques instants.	Ma voisine Nicole, mes amies Ginette, Annie, Lucie, ma sœur Simone.

Cette mère a un réseau social étendu. Certaines personnes mentionnées sont des membres de sa famille (mari, sœur, frère, mère); d'autres font partie de son entourage (amis, voisins), et d'autres sont du milieu médical ou du milieu de l'éducation que fréquentent ses enfants (médecin, éducateur, enseignant). Comme son réseau de soutien compte plusieurs personnes, aucune d'entre elles ne sera sollicitée de façon excessive.

Quand la mère est moins tendue parce qu'elle est soutenue par des gens en qui elle a confiance, le père et les enfants en bénéficient. La situation dans la maison est plus sereine. Mais il est également souhaitable que le père ait aussi son réseau social, même si les pères sont souvent moins portés à discuter ouvertement de leurs préoccupations. Malgré tout, pourquoi ne tenteraient-ils pas d'identifier les personnes de leur entourage qui constituent leur réseau? Les besoins indiqués dans la colonne de gauche du tableau 1 risquent d'être différents dans son cas. Peut-être y inscriront-ils «sur qui puis-je compter pour discuter des préoccupations de ma femme?» (autrement dit, les autres mères se posent-elles les mêmes questions?)

Plus vous pouvez compter sur un grand nombre de personnes pour vous aider d'une manière ou d'une autre, moins vous vous sentirez isolé et responsable de tout. En faisant cet exercice, peut-être prendrez-vous conscience que vous êtes aimé, estimé et que plusieurs personnes sont disponibles pour vous aider. Le fait de s'entourer de personnes capables de vous aider constitue non pas un signe de dépendance, mais plutôt la preuve que vous savez vous organiser pour faciliter votre vie. D'ailleurs, vous êtes peut-être vous-même un élément du réseau de soutien d'une autre personne.

* * *

Rappelez-vous qu'être parent est un choix, mais qu'être un enfant ne l'est pas. En donnant naissance à vos enfants, vous leur imposez la vie. Il vous revient de leur faire découvrir le plaisir de faire, le plaisir d'être, le plaisir de vivre.

* * *

«*Un enfant*»

C'est un cadeau du ciel…
qui se révèle à l'occasion une source de stress.

Un rêve devenu réalité…
qui se change parfois en petit cauchemar ambulant.

Un magicien qui transforme la vie des parents…
certains jours, en paradis,
d'autres jours, en enfer.

Un être qui fait grandir les parents
et sans qui la vie n'aurait pas la même richesse.

CHAPITRE 6

PRENDRE VOTRE PLACE DANS VOTRE VIE

▼

Le verbe aimer est difficile à conjuguer :
son passé n'est pas simple,
son présent n'est qu'indicatif et
son futur est toujours conditionnel.

Jean Cocteau

Il est bien vrai que nous devons penser au bonheur d'autrui ;
mais on ne dit pas assez que ce que nous pouvons faire de mieux
pour ceux qui nous aiment, c'est encore d'être heureux.

Alain

Au premier chapitre, nous avons identifié différents rôles qui vous incombent : travailleur, parent, enfant, ami, bénévole, sans oublier les diverses facettes de votre rôle parental : chauffeur, cuisinier, soignant, arbitre, supporter sportif, organisateur et j'en passe.

Vous êtes aussi une personne à part entière et, à ce titre, vous avez des besoins personnels à combler. Vous vivez aussi avec un conjoint : vous avez donc un rôle à jouer pour maintenir dans votre couple une relation de qualité. Si vous vivez seul, le besoin de prendre soin de vous est encore plus grand.

Prendre soin de vous

Vous devez vous aimer suffisamment pour prendre votre place dans votre propre vie. Si tout ce que vous faites est dicté par les autres et si vous ne vous préoccupez pas d'avoir certaines activités personnelles, vous aurez l'impression d'être dépossédé de votre vie, vous aurez et donnerez l'impression d'être exclusivement au service d'autrui. Avec le temps, vous éprouverez peut-être le sentiment de ne pas vivre votre vie et vous développerez même de la rancœur pour les vôtres s'ils comptent entièrement sur vous. Prendre sa place dans sa propre vie, c'est se respecter et cela commence par tenir compte de soi-même chaque jour. Se ménager du temps dans son quotidien ramène à l'importance d'avoir à son horaire des activités significatives pour soi (revoir le chapitre 2). Il ne faut pas attendre d'avoir répondu à toutes les demandes des autres ni que les autres offrent leur temps : il faut le prendre. Ne valez-vous pas la peine que vous preniez votre place dans votre quotidien ?

Vous ménager du temps pour vous-même

Il faut se donner les moyens d'avoir des activités personnelles satisfaisantes, ce qui n'est pas aisé avec un horaire surchargé. Se lever un peu plus tôt permet à certains de faire des exercices physiques qui les mettent en forme pour la journée. D'autres en profitent pour faire une promenade qui les relie à la nature. Quand les enfants sont couchés, vous pouvez choisir de prendre du temps pour vous : profiter d'un bain avec musique et chandelles, lire ce roman qui vous passionne, jeter sur papier vos pensées, choisir les semences pour votre potager, prendre des nouvelles d'un ami.

Souvent, quand on est fatigué, on n'aspire qu'à une soirée tranquille devant la télévision ; mais cette solution ne doit pas devenir une habitude quotidienne qui empêche de faire autre chose. La vigilance s'impose si on ne veut pas devenir dépendant de la télévision. Si vous prenez du temps pour faire quelque chose qui vous plaît, vous en retirerez davantage de satisfaction et vous noterez même un regain d'énergie.

S'accorder des congés occasionnels, c'est aussi prendre soin de soi pour diminuer le stress accumulé. Personne ne peut travailler sept jours par semaine pendant des années. Personne ne peut être parent, en poste jour et nuit sans arrêt pendant des années. En tant qu'êtres humains, nous avons tous des besoins qui nous sont propres et dont nous devons nous occuper nous-mêmes. Les enfants tirent d'ailleurs profit du fait que leurs parents se donnent les moyens d'être bien dans leur peau.

Les soirées «entre filles», où la mère rencontre ses amies un soir précis du mois pour parler, laisser sortir son fou, prendre un bon repas, est une solution que plusieurs choisissent et cela fait des merveilles: même si la mère s'est couchée plus tard ce soir-là, le plaisir éprouvé permet à toute la famille d'en retirer des effets positifs pendant plusieurs jours. Même chose pour le père qui retrouve ses amis pour une partie de billard ou autre chose.

Un problème peut survenir si l'un des parents prend de tels moments de répit tandis que l'autre vit cette situation avec rancœur ou lorsque l'un des deux le fait avec exagération, étant finalement plus souvent avec ses amis qu'avec sa famille.

Prendre occasionnellement un congé de tâches parentales n'est pas une question d'égoïsme, mais de santé: cela permet de répondre à ses propres besoins. Si on n'y arrive pas, on a du mal à répondre aux besoins de ceux qui dépendent de soi. Le fait de se donner un répit agit, en quelque sorte, comme une soupape, permettant de faire sortir le trop-plein de tension et de fatigue, et de refaire le plein d'énergie.

Si vous avez pris le temps de lire ce livre jusqu'à cette page, j'en suis évidemment très heureuse et c'est déjà un indice que vous savez penser à vous et vous accorder du temps pour les choses qui vous intéressent. Bravo !

Vous accorder de petites attentions

Prendre soin de vous, c'est aussi vous permettre de petites gâteries. Pourquoi ne pas prendre votre café dans la belle tasse de collection reçue en cadeau, mais que vous avez placée loin dans vos placards de crainte de la briser ? Pourquoi ne pas régler vos factures avec le beau stylo qui vous avait fait craquer ? Autrement dit, pourquoi accumuler de belles choses si vous ne vous en servez pas ? Allez, vous le méritez bien ! S'il arrive un accident, au moins cet objet aura servi et vous aura apporté du plaisir.

Si vous ne recevez jamais ou pas assez souvent de fleurs, pourquoi ne pas vous en acheter vous-même ? À votre réveil, prenez l'habitude de vous sourire dans le miroir, de vous souhaiter une bonne journée. C'est avec vous que vous passerez toute votre journée, à partir du moment où vous ouvrez les yeux et jusqu'à ce que vous les fermiez.

À ceux qui vous demandent des suggestions de cadeaux, pourquoi ne pas suggérer une heure de massage ou une journée de détente dans un centre de santé ? En effet, prendre soin de vous, c'est aussi prendre soin de votre corps : il mérite certaines attentions. Comme le dit Swani Vivekananda, «Notre corps est la seule barque qui nous portera jusqu'à l'autre rive de l'océan de la vie. Il faut en prendre soin.»

Lâcher prise

Dans le chapitre précédent, il a été recommandé de lâcher du lest avec vos enfants si vous avez tendance à vouloir tout contrôler. C'est une attitude tout aussi indiquée, sinon plus, avec votre conjoint. Il est adulte et responsable : il peut avoir sa façon de faire, qui est différente de la vôtre, mais tout aussi valable. Évitez de prendre tout sur vos épaules, ce sera moins fatigant et vous laisserez de la sorte de la place à votre conjoint pour agir à sa guise (cela s'applique tant au père qu'à la mère).

Lâcher prise, cela veut dire aussi ne pas chercher constamment à défendre vos positions, votre manière de faire (surtout pour les petites choses qui n'en valent pas la peine). Sinon, vous contribuez à créer une situation tendue et vous perdez de l'énergie inutilement.

Est-il nécessaire de perdre du temps à faire admettre à votre conjoint que c'est bien lui qui a oublié d'éteindre les lumières en partant de la maison, pour rappeler en cours de route qu'il aurait mieux valu prendre tel autre itinéraire (celui que vous aviez proposé), pour rétablir les faits dans leurs moindres détails quand l'autre raconte un événement que vous avez vécu avec lui («Ça a duré une demi-heure», «Non, une heure»)?

Lâcher prise, c'est suivre le courant de la vie plutôt que de toujours vouloir le contrôler. C'est surtout ne pas se sentir responsable de tout, et cela contribue à un plus grand bien-être personnel, et à une vie de couple plus détendue.

Et les mamans solo?

Cette appellation a été choisie par des auteurs[1] pour parler des mères qui assument seules l'éducation de leurs enfants: les femmes constituent la très grande majorité des chefs de famille monoparentales (80% au Canada et 98% en France). Si cela est votre cas, il est impérieux de prendre soin de vous, de vous accorder des répits. Si vous tombez malade, si vous êtes constamment épuisée, vous ne pourrez continuer d'assumer votre lourde tâche. Bien identifier et utiliser votre réseau social vous

---

1. Tabarès, K. et G. Viala (2005). *Mamans solo: mode d'emploi*. Paris: Marabout Essai. Vous trouverez dans cet ouvrage des astuces pour mieux gérer votre quotidien.

donnera des moments de répit pour pratiquer vos activités personnelles. L'échange de garde entre mamans pour une soirée ou un week-end s'avère un moyen intéressant pour permettre à l'une comme à l'autre de profiter d'un repos et de refaire ses énergies. Comme il s'agit d'échange, on ne se sent pas en dette envers l'autre : chacune en retire des avantages.

Prendre soin de votre couple

Tous les parents ont besoin de se retrouver seuls de temps en temps, de partager un moment en tête-à-tête. Il est important de veiller à la survie des liens amoureux. Vos enfants en bénéficieront, car ils verront l'amour entre vous, la complicité dans vos yeux et dans vos gestes. La flamme et la passion du début peuvent facilement devenir une habitude et glisser dans la routine.

Un répit en couple

Prendre du temps pour être en amour ne veut pas dire mettre ses enfants de côté ou les négliger. Avec l'arrivée des enfants, il faut plutôt apprendre à réinventer son couple dans un espace-temps différent. Le souper romantique aux chandelles ou la séance de cinéma-maison devra probablement attendre après neuf heures, quand les enfants seront couchés, mais alors vous aurez plaisir à vous retrouver entre vous. Il ne faut pas oublier que vous êtes d'abord un couple avant d'être des parents, et qu'il faut que ce couple trouve sa place dans votre vie de parents.

Un répit à deux est aussi excellent pour la santé de votre couple. Un week-end en amoureux vous fait rêver ? Pourquoi ne pas suggérer à vos parents, qui vous demandent ce que vous souhaitez comme cadeau à votre anniversaire ou à Noël, de garder vos enfants pendant deux jours ? Cela ne vaut-il pas tous les cadeaux qu'ils pourraient vous offrir ?

Trouvez-vous une gardienne fiable que vous engagerez une soirée toutes les deux semaines, ce qui vous permettra, par exemple, de vous fixer un rendez-vous pour une sortie au cinéma ou un souper au restaurant. Cette solution est souvent plus accessible à la majorité des parents que des vacances annuelles en couple et c'est tout aussi rentable; à la condition, bien sûr, que vous sachiez en profiter pleinement, sans toujours vous demander si tout va bien à la maison pendant votre absence.

Si vous décidez de faire une fête entre amis, sans enfants, pourquoi ne pas leur offrir à eux aussi un moment festif? Cela peut vous enlever le sentiment de culpabilité que vous pourriez avoir à faire garder vos enfants durant le week-end, alors qu'ils le sont déjà pendant la semaine. Réservez une ou deux gardiennes expérimentées qui joueront avec vos enfants et ceux de vos amis au domicile de l'un d'eux. Vous aurez votre fête entre adultes et vos enfants auront aussi du plaisir. Chacun de votre côté, vous passerez un bon moment.

La qualité de vie de votre enfant est importante, mais elle passe par votre propre qualité de vie et par celle de votre couple.

Enseignez le respect de l'intimité à vos enfants

Dans la maison, chacun a droit à un coin de tranquillité, à un coin à lui; ce sera le plus souvent sa chambre. Tous doivent apprendre à respecter ce lieu. Les enfants seront d'autant plus portés à frapper à la porte fermée de la chambre des parents avant d'entrer si ces derniers font de même pour eux.

Si vous devez discuter avec votre conjoint afin de vous entendre sur une réponse à donner à la demande que vos enfants viennent de vous adresser ou pour préparer une sortie en famille, n'hésitez pas à le faire en toute intimité dans votre chambre en disant à vos enfants: «Papa et maman doivent se parler quelques minutes; attendez-nous, on revient.»

À mesure que vos enfants vieillissent, enseignez-leur à respecter votre intimité quand vous prenez votre bain, quand vous faites votre toilette. Vers 7 ou 8 ans, les enfants comprennent d'autant mieux cette notion qu'eux-mêmes démontrent une nouvelle pudeur et apprécient que vous en fassiez autant.

Dans une famille où le respect est présent, les enfants développent tout naturellement cette valeur si importante dans notre monde de concurrence et d'individualisme.

Manifester amour et respect à votre conjoint

Certains parents font montre d'une grande discrétion pour exprimer leur amour mutuel devant leurs enfants. D'autres cessent sans raison particulière de s'embrasser, de se prendre dans leurs bras en présence des enfants. N'attendez pas qu'ils soient couchés pour vous manifester des signes d'amour. L'un de vos enfants dira peut-être que «papa embrasse maman!». Une réponse telle que «bien sûr, c'est mon amoureuse» réjouira les enfants et créera une connivence dans la famille. Un autre réclamera peut-être aussi une caresse. Ce sera l'occasion d'un moment d'affection partagée. «Dans notre famille, tout le monde a droit à des câlins.»

Tous les jours, vous dites votre amour à vos enfants, vous leur distribuez caresses et câlins. Pourquoi vous faudrait-il faire l'économie de tels gestes d'affection quand il s'agit de votre conjoint? Vous êtes des amoureux, non des colocataires!

Par ailleurs, quand on vit depuis quelques années avec un conjoint, on en arrive à avoir l'impression de tellement bien se connaître qu'on voit moins la nécessité de se parler pour se comprendre ou de se manifester de petites attentions pour signifier notre amour. Rien n'est plus dangereux pour le lien amoureux, car celui-ci s'alimente de petites délicatesses quotidiennes et de respect mutuel : prenez le temps de vous dire bonjour au réveil, de vous souhaiter mutuellement une bonne journée ou une bonne nuit, de demander l'avis de l'autre au lieu de décider unilatéralement. Chacun évolue (surtout avec l'arrivée des enfants) et la communication demeure essentielle pour alimenter sa connaissance de l'autre et maintenir la flamme entre les parents.

Semez votre quotidien de petites délicatesses mutuelles : prenez le temps de féliciter l'autre pour la qualité de son repas, pour la beauté de l'étagère qu'il a fabriquée, pour sa façon efficace de régler un différend entre les enfants, pour sa nouvelle coiffure. Il est toujours agréable de recevoir des commentaires élogieux et il ne faut pas tenir pour acquis ce que l'autre fait depuis des années. N'appréciez-vous pas que votre patron ou qu'un collègue vous fasse une remarque positive ? Pourquoi serait-ce différent dans votre couple ?

Il faut aussi porter attention à la façon de communiquer avec l'autre. Il est étrange que ce soit le plus souvent avec les nôtres, avec ceux qui comptent le plus pour nous, que nous soyons le moins attentif. Bien sûr, on peut penser que comme l'autre nous connaît bien, il comprendra que nous sommes fatigué ou stressé ; mais il est dangereux de prendre cette habitude. Écoutez certaines conversations entre époux au restaurant, et vous serez parfois surpris de la rudesse de leur propos et même de leur manque de respect l'un envers l'autre.

Bien sûr, il arrive à tout couple d'avoir des discussions vives (souvent en lien avec l'éducation des enfants) où les voix s'élèvent, et où les mots dépassent la pensée. Cela devrait toutefois demeurer l'exception. Il faut être vigilant pour que ce type d'interaction ne devienne pas la règle, la manière habituelle de discuter. Un point important à se rappeler : les discussions sur l'éducation des enfants et particulièrement sur les divergences d'opinion en ce domaine doivent se faire hors de leur présence. De fait, entendre papa et maman discuter (ou se disputer) à leur sujet risque d'entraîner chez les enfants un malaise et même du stress.

Maintenir de petites délicatesses, se parler avec respect, utilisant davantage le « je » que le « tu » (relire le chapitre précédent), respecter les goûts et opinions de l'autre, démontrer de l'admiration, se manifester des marques d'amour, voilà autant de moyens nécessaires pour alimenter la flamme dans un couple.

On s'est choisi quelques années auparavant parce qu'on s'aimait et qu'on voulait faire la route de la vie ensemble. Pour ce faire, il est essentiel de laisser de la place à l'autre et d'être attentif à la manière d'être l'un envers l'autre.

Dans une famille où les parents manifestent leur amour, les enfants se rendent compte que leurs parents ne sont pas que des pourvoyeurs ou des éducateurs, mais aussi des amoureux qui sont bien ensemble. Cela les rassure car nous vivons dans un monde où les enfants font souvent face au divorce et à la séparation des couples. N'hésitez donc pas à vous dire des mots doux.

CONCLUSION

▼

On ne peut pas toujours changer les choses,
mais on peut essayer de les regarder d'un autre œil.

Albino Gomez

Au fond… la vie est une sorte de
machine à voyager dans le temps.

Philippe Geluck

Vous êtes débordé, fatigué, en manque d'énergie ? **Vous êtes la seule personne à pouvoir prendre les choses en mains. Il vous appartient de simplifier votre vie et de prendre le temps de la vivre pleinement.**

Dans le présent ouvrage, nous vous avons proposé diverses pistes d'action : analyser vos activités et y apporter les correctifs requis pour les rendre plus faciles et plus agréables, mieux utiliser votre énergie pour être moins fatigué, vivre pleinement le moment présent avec humour et le sourire aux lèvres, revoir vos priorités, profiter pleinement de vos enfants sans toutefois négliger votre vie personnelle et votre vie de couple.

Au-delà de tous ces moyens, une chose ressort : **votre attitude.** Selon l'état d'esprit qui sous-tend vos actions, vous pouvez décider soit de compliquer votre vie, soit de la simplifier. Ce qui donne du sens à votre quotidien, ce n'est pas ce que vous faites jour après jour : dodo, métro, boulot, au travail et à la maison. Si tel était le cas, tout le monde aurait des journées merveilleuses. Ce qui donne du sens et de la valeur à vos journées, ce qui vous permet d'en retirer le maximum de satisfaction, **c'est l'état d'esprit que vous adoptez envers la vie**. Si vous optez pour une attitude positive, alors vous dédramatiserez les problèmes, vous prendrez plaisir au plus simple moment et profiterez pleinement de chaque minute qui passe.

Vous pouvez attendre que le bonheur vienne des autres, des circonstances, des événements extérieurs, vous pouvez poser des conditions à votre bonheur (si j'avais…, si j'étais…, je serais heureux…). Vous pouvez aussi décider que chaque moment de votre vie est source de contentement et y trouver une raison de vous réjouir. **Ce choix est vôtre.**

Appropriez-vous votre quotidien. Vos gestes et vos activités dévoilent votre véritable nature, affichent vos convictions ; faites en sorte qu'ils soient conformes à ce que vous êtes vraiment. Il est tout à fait sain de se remettre en question et de réévaluer ce qu'on fait de sa vie, surtout si cela débouche sur des changements qui nous amènent à être plus fidèle à nous-même. C'est la voie idéale pour évoluer.

Au fil des pages, vous avez peut-être appris certaines techniques et certains principes susceptibles de vous aider dans votre quotidien surchargé. Cependant, connaître et savoir ne suffisent pas : **vous devez passer à l'action**. C'est en choisissant d'appliquer ce qui vous convient que vous pouvez apporter de véritables changements à votre quotidien.

Rappelez-vous :

Votre vie, ce n'est pas hier ou demain.

Votre vie, c'est aujourd'hui.

Aimez-la et faites-en découvrir la beauté aux vôtres.

ÉPILOGUE

▼

Si je pouvais refaire ma vie
(par Erma Bombeck[1])

*J'aurais invité des amis à dîner même
si le tapis était taché et le divan défraîchi.*

*J'aurais mangé le popcorn dans le beau salon
et me serait moins inquiétée de la saleté
quand on voulait faire un feu dans le foyer.*

*J'aurais pris le temps d'écouter mon grand-père
raconter encore une fois sa jeunesse.*

*Je n'aurais jamais insisté pour que les fenêtres de la voiture
soient remontées parce que mes cheveux venaient d'être coiffés.*

*J'aurais allumé la chandelle rose que mes enfants m'ont
sculptée comme une rose avant qu'elle ne fonde dans le placard.*

*Je me serais assise dans la pelouse avec mes enfants
sans m'inquiéter des taches d'herbe.*

*J'aurais moins pleuré et rit en regardant la télévision
et plus en regardant la vie.*

---

1. Texte paru sur Internet à l'occasion du mois de la prévention du cancer du sein.

Je me serais mise au lit quand j'étais malade au lieu de
prétendre que la terre arrêterait de tourner si je n'étais pas là.

Au lieu de souhaiter la fin d'une grossesse,
j'aurais chéri chaque moment en réalisant
que la merveille grandissant en moi était la seule chance
dans la vie d'assister Dieu dans la création d'un miracle.

Quand les enfants m'embrassaient fougueusement,
je n'aurais jamais dit: «Plus tard. Maintenant allez
vous laver les mains.»

Il y aurait eu plus de «Je t'aime»
et plus de «Je suis désolée.»

Mais surtout, ayant une autre chance de vivre, j'en saisirais
chaque minute. Je la regarderais pour vraiment la voir,
la vivre et ne jamais la redonner.

Ressources

▼

Livres

AUBERT, N. *Le culte de l'urgence: la société malade du temps.* Paris: Flammarion, 2004. 375 p. (Champs)

BENOIT, J-A. *Des solutions pour les familles d'aujourd'hui.* Outremont (Québec): Quebecor, 2005. 328 p. (Collection Famille)

BRAZELTON, T.B. *À ce soir: concilier travail et vie de famille.* Alleur: Marabout, 2000. 247 p. (Enfant éducation)

D'ANSEMBOURG, T. *Cessez d'être gentil, soyez vrai: être avec les autres en restant soi-même.* Montréal: Éditions de l'Homme, 2001. 249 p.

GATECEL, A. et C. RENUCCI. *Amour, enfant, boulot… comment sortir la tête de l'eau.* Paris: Albin Michel, 2000. 386 p. (Questions de parents)

GIAMPINO, S. *Les mères qui travaillent sont-elles coupables?* Paris: Albin Michel, 2000. 298 p. (Questions de parents)

HONORÉ, C. *L'éloge de la lenteur: et si vous ralentissiez?* Paris: Marabout, 2005. 288 p.

KENISON, K. *Le précieux fil des jours.* Varennes (Québec): Éditions AdA. 2001. 226 p. (Guide ressources)

KOCHMAN, F. *Guide de survie pour parents débordés: le mode d'emploi qui aurait dû être fourni avec votre enfant.* Paris: L'Archipel, 2004. 206 p.

LOREAU, D. *L'art de la simplicité.* Paris: Laffont, 2005. 271 p.

MORGENSTERN, J. *Organiser votre vie pour mieux la vivre.* Varennes (Québec): Éditions AdA, 2002. 356 p.

OTT, L. *Les enfants seuls: approche éducative*. Paris: Dunod, 2000. 224 p. (Enfances)

PEEL, K. *Guide de survie de la mère au travail*. Montréal: Libre Expression, 1999. 219 p.

Sites Internet

12 conseils pour parents occupés et irremplaçables
www.petitmonde.com/iDoc/Article.asp?id=5992
PetitMonde

Info famille boulot
www.wft-ifb.ca/home_fr.htm
Fédération canadienne des services de garde à l'enfance

Maintenir l'équilibre entre le travail et la vie familiale
www.parentsinfo.sympatico.ca/fr/content/topicindex/10_46_000.html
Assistance Parents

Maman solo, le site pour les mamans seules
www.maman-solo.com
Maman solo

La Collection du CHU Sainte-Justine
pour les parents

Ados : mode d'emploi

Michel Delagrave

Devant le désir croissant d'indépendance de l'adolescent et face à ses choix, les parents développent facilement un sentiment d'impuissance. Dans un style simple et direct, l'auteur leur donne diverses pistes de réflexion et d'action.

ISBN 2-89619-016-3   2005/176 p.

Aide-moi à te parler !
La communication parent-enfant

Gilles Julien

L'importance de la communication parent-enfant, ses impacts, sa force, sa nécessité. Des histoires vécues sur la responsabilité fondamentale de l'adulte : l'écoute, le respect et l'amour des enfants.

ISBN 2-922770-96-6   2004/144 p.

Aider à prévenir le suicide chez les jeunes
Un livre pour les parents

Michèle Lambin

Reconnaître les indices symptomatiques, comprendre ce qui se passe et contribuer efficacement à la prévention du suicide chez les jeunes.

ISBN 2-922770-71-0   2004/272 p.

L'allaitement maternel
(2ᵉ édition)

Comité pour la promotion de l'allaitement maternel
de l'Hôpital Sainte-Justine

Le lait maternel est le meilleur aliment pour le bébé. Tous les conseils pratiques pour faire de l'allaitement une expérience réussie !

ISBN 2-922770-57-5   2002/104 p.

Apprivoiser l'hyperactivité et le déficit de l'attention

Colette Sauvé

Une gamme de moyens d'action dynamiques pour aider l'enfant hyperactif à s'épanouir dans sa famille et à l'école.

ISBN 2-921858-86-X   2000/96 p.

Au-delà de la déficience physique ou intellectuelle
Un enfant à découvrir
Francine Ferland

Comment ne pas laisser la déficience prendre toute la place dans la vie familiale ? Comment favoriser le développement de cet enfant et découvrir le plaisir avec lui ?

ISBN 2-922770-09-5   2001/232 p.

Au fil des jours... après l'accouchement
L'équipe de périnatalité de l'Hôpital Sainte-Justine

Un guide précieux pour répondre aux questions pratiques de la nouvelle accouchée et de sa famille durant les premiers mois suivant l'arrivée de bébé.

ISBN 2-922770-18-4   2001/96 p.

Au retour de l'école...
La place des parents dans l'apprentissage scolaire
(2e édition)
Marie-Claude Béliveau

Une panoplie de moyens pour aider l'enfant à développer des stratégies d'apprentissage efficaces et à entretenir sa motivation.

ISBN 2-922770-80-X   2004/280 p.

Comprendre et guider le jeune enfant
À la maison, à la garderie
Sylvie Bourcier

Des chroniques pleines de sensibilité sur les hauts et les bas des premiers pas du petit vers le monde extérieur.

ISBN 2-922770-85-0   2004/168 p.

De la tétée à la cuillère
Bien nourrir mon enfant de 0 à 1 an
Linda Benabdesselam et autres

Tous les grands principes qui doivent guider l'alimentation du bébé, présentés par une équipe de diététistes expérimentées.

ISBN 2-922770-86-9   2004/144 p.

Enfances blessées, sociétés appauvries
Drames d'enfants aux conséquences sérieuses
Gilles Julien

Un regard sur la société qui permet que l'on néglige les enfants. Un propos illustré par l'histoire du cheminement difficile de plusieurs jeunes.

ISBN 2-89619-036-8   2005/256 p.

L'enfant adopté dans le monde
(en quinze chapitres et demi)
Jean-François Chicoine, Patricia Germain et Johanne Lemieux

Un ouvrage complet traitant des multiples aspects de ce vaste sujet: l'abandon, le processus d'adoption, les particularités ethniques, le bilan de santé, les troubles de développement, l'adaptation, l'identité...

ISBN 2-922770-56-7   2003/480 p.

L'enfant malade
Répercussions et espoirs
Johanne Boivin, Sylvain Palardy et Geneviève Tellier

Des témoignages et des pistes de réflexion pour mettre du baume sur cette cicatrice intérieure laissée en nous par la maladie de l'enfant.

ISBN 2-921858-96-7   2000/96 p.

L'estime de soi des adolescents
Germain Duclos, Danielle Laporte et Jacques Ross

Comment faire vivre un sentiment de confiance à son adolescent? Comment l'aider à se connaître? Comment le guider dans la découverte de stratégies menant au succès?

ISBN 2-922770-42-7   2002/96 p.

L'estime de soi des 6-12 ans
Danielle Laporte et Lise Sévigny

Une démarche simple pour apprendre à connaître son enfant et reconnaître ses forces et ses qualités, l'aider à s'intégrer et lui faire vivre des succès.

ISBN 2-922770-44-3   2002/112 p.

L'estime de soi, un passeport pour la vie
(2ᵉ édition)
Germain Duclos
Pour développer des attitudes éducatives positives qui aideront l'enfant à acquérir une meilleure connaissance de sa valeur personnelle.
ISBN 2-922770-87-7   2004/248 p.

Et si on jouait?
Le jeu durant l'enfance et pour toute la vie
(2ᵉ édition)
Francine Ferland
Les différents aspects du jeu présentés aux parents et aux intervenants: information détaillée, nombreuses suggestions de matériel et d'activités.
ISBN 2-89619-35-X   2005/212 p.

Être parent, une affaire de coeur
(2ᵉ édition)
Danielle Laporte
Des textes pleins de sensibilité, qui invitent chaque parent à découvrir son enfant et à le soutenir dans son développement. Une série de portraits saisissants: l'enfant timide, agressif, solitaire, fugueur, déprimé, etc.
ISBN 2-89619-021-X   2005/280 p.

Famille, qu'apportes-tu à l'enfant?
Michel Lemay
Une réflexion approfondie sur les fonctions de chaque protagoniste de la famille, père, mère, enfant... et les différentes situations familiales.
ISBN 2-922770-11-7   2001/216 p.

La famille recomposée
Une famille composée sur un air différent
Marie-Christine Saint-Jacques et Claudine Parent
Comment vivre ce grand défi? Le point de vue des adultes (parents, beaux-parents, conjoints) et des enfants impliqués dans cette nouvelle union.
ISBN 2-922770-33-8   2002/144 p.

Favoriser l'estime de soi des 0-6 ans

Danielle Laporte

Comment amener le tout-petit à se sentir en sécurité ? Comment l'aider à développer son identité ? Comment le guider pour qu'il connaisse des réussites ?

ISBN 2-922770-43-5   2002/112 p.

Grands-parents aujourd'hui
Plaisirs et pièges

Francine Ferland

Les caractéristiques des grands-parents du 21e siècle, leur influence, les pièges qui les guettent, les moyens de les éviter, mais surtout les occasions de plaisirs qu'ils peuvent multiplier avec leurs petits-enfants.

ISBN 2-922770-60-5   2003/152 p.

Guider mon enfant dans sa vie scolaire

Germain Duclos

Des réponses aux questions les plus importantes et les plus fréquentes que les parents posent à propos de la vie scolaire de leur enfant.

ISBN 2-922770-21-4   2001/248 p.

J'ai mal à l'école
Troubles affectifs et difficultés scolaires

Marie-Claude Béliveau

Cet ouvrage illustre des problématiques scolaires liées à l'affectivité de l'enfant. Il propose aux parents des pistes pour aider leur enfant à mieux vivre l'école.

ISBN 2-922770-46-X   2002/168 p.

Les maladies neuromusculaires chez l'enfant et l'adolescent

Sous la direction de Michel Vanasse, Hélène Paré, Yves Brousseau et Sylvie D'Arcy

Les informations médicales de pointe et les différentes approches de réadaptation propres à chacune des maladies neuromusculaires.

ISBN 2-922770-88-5   2004/376 p.

Musique, musicothérapie et développement de l'enfant
Guylaine Vaillancourt
La musique en tant que formatrice dans le développement global de l'enfant et la musique en tant que thérapie, qui rejoint l'enfant quel que soit son âge, sa condition physique et intellectuelle ou son héritage culturel.
ISBN 2-89619-031-7   2005/184 p.

Le nouveau Guide Info-Parents
Livres, organismes d'aide, sites Internet
Michèle Gagnon, Louise Jolin et Louis-Luc Lecompte
Voici, en un seul volume, une nouvelle édition revue et augmentée des trois Guides Info-Parents : 200 sujets annotés.
ISBN 2-922770-70-2   2003/464 p.

Parents d'ados
De la tolérance nécessaire à la nécessité d'intervenir
Céline Boisvert
Pour aider les parents à départager le comportement normal du pathologique et les orienter vers les meilleures stratégies.
ISBN 2-922770-69-9   2003/216 p.

Les parents se séparent...
Pour mieux vivre la crise et aider son enfant
Richard Cloutier, Lorraine Filion et Harry Timmermans
Pour aider les parents en voie de rupture ou déjà séparés à garder espoir et mettre le cap sur la recherche de solutions.
ISBN 2-922770-12-5   2001/164 p.

Pour parents débordés et en manque d'énergie
Francine Ferland
Les parents sont souvent débordés. Comment concilier le travail, l'éducation des enfants, la vie familiale, sociale et personnelle ?
ISBN 2-89619-051-1   2006/136 p.

Responsabiliser son enfant

Germain Duclos et Martin Duclos

Apprendre à l'enfant à devenir responsable, voilà une responsabilité de tout premier plan. De là l'importance pour les parents d'opter pour une discipline incitative.

ISBN 2-89619-00-3   2005/200 p.

Santé mentale et psychiatrie pour enfants
Des professionnels se présentent

Bernadette Côté et autres

Pour mieux comprendre ce que font les différents professionnels qui travaillent dans le domaine de la santé mentale et de la pédopsychiatrie : leurs rôles spécifiques, leurs modes d'évaluation et d'intervention, leurs approches, etc.

ISBN 2-89619-022-8   2005/128 p.

La scoliose
Se préparer à la chirurgie

Julie Joncas et collaborateurs

Dans un style simple et clair, voici réunis tous les renseignements utiles sur la scoliose et les différentes étapes de la chirurgie correctrice.

ISBN 2-921858-85-1   2000/96 p.

Le séjour de mon enfant à l'hôpital

Isabelle Amyot, Anne-Claude Bernard-Bonnin, Isabelle Papineau

Comment faire de l'hospitalisation de l'enfant une expérience positive et familiariser les parents avec les différences facettes que comporte cette expérience.

ISBN 2-922770-84-2   2004/120 p.

Tempête dans la famille
Les enfants et la violence conjugale

Isabelle Côté, Louis-François Dallaire et Jean-François Vézina

Comment reconnaître une situation où un enfant vit dans un contexte de violence conjugale ? De quelle manière l'enfant qui y est exposé réagit-il ? Quelles ressources peuvent venir en aide à cet enfant et à sa famille ?

ISBN 2-89619-008-2   2004/144 p.

Les troubles anxieux expliqués aux parents

Chantal Baron

Quelles sont les causes de ces maladies et que faire pour aider ceux qui en souffrent? Comment les déceler et réagir le plus tôt possible?

ISBN 2-922770-25-7   2001/88 p.

Les troubles d'apprentissage : comprendre et intervenir

Denise Destrempes-Marquez et Louise Lafleur

Un guide qui fournira aux parents des moyens concrets et réalistes pour mieux jouer leur rôle auprès de l'enfant ayant des difficultés d'apprentissage.

ISBN 2-921858-66-5   1999/128 p.

Votre enfant et les médicaments : informations et conseils

Catherine Dehaut, Annie Lavoie, Denis Lebel, Hélène Roy et Roxane Therrien

Un guide précieux pour informer et conseiller les parents sur l'utilisation et l'administration des médicaments. En plus, cent fiches d'information sur les médicaments les plus utilisés.

ISBN 2-89619-017-1   2005/336 p.

MEMBRE DU GROUPE SCABRINI

Québec, Canada
2006